Vol.10 2013 SPRING 피메일

contents

cover
촬영／腰塚良彦
헤어&메이크업／今井貴子
모델／木野園子
표지 디자인／大井健太郎 [tabloid]
작품／19페이지25

02	지금 바로 만들어 입자! **봄의 상의**
08	자세한 사진설명서 ❶ 래글런슬리브 셔츠
10	봄의 멋쟁이는 핸드메이드로! **트렌드 키워드10**
24	Mix & Match를 즐기는 **장식 칼라 & 원피스**
32	클러치백 CLUTCH BAG
34	자세한 사진설명서 ❷ 라이더 재킷
40	동경하는 아틀리에 방문 『Gratimmy』
42	다양한 팬츠 스타일이 올봄을 맞이한다!! **팬츠 특집**
50	처음 사용하는 소잉 아이템
54	스트레치성이 우수한 소재로 만드는 **봄의 아이템**
58	자세한 사진설명서 ❸ 오버록 미싱으로 스피드 소잉 「시스루 소매의 트레이닝복」
62	디자이너의 옷 『네버랜드』
66	휴대하기 편리한♡ 귀여운 레인코트
68	디자인 그랑프리
70	제 7회 피메일 D.I.Y 콘테스트
75	데님의 변신
80	실물크기 패턴의 사용 방법
81	소잉의 기초
112	다음호 예고

FEMALE
Copyright © BOUTIQUE-SHA 2010
Printed in Japan
All rights reserved.
Original Japanese edition published in Japan by BOUTIQUE-SHA.
Korean translation right arranged with BOUTIQUE-SHA through DAIJO CRAFT CORP.

소잉피플에게 필요한 필수 핸드메이드 서적

소잉스토리　검 색
www.sewingstory.com

2013 Spring Tops

지금 바로 만들어 입자!
봄의 상의

두꺼운 옷을 벗게 되는 봄!
여러 벌 갖춰 두고 갈아 입고 싶어지는 봄의 상의.
직접 만든 상의를 입고 봄의 상쾌한 공기를 느껴보세요.

담당 : 有井里枝　宮路睦子　松井麻美　／　촬영 : 腰塚良彦　　헤어&메이크업 : 今井貴子
모델 : 真間玲奈　／　페이지 디자인 : 大井龍太郎 [tabloid]

어깨 턱 블라우스

어깨의 턱(tuck)과 밑단의 주름이 볼륨감을 연출하는 디자인.
너무 짧지도 않고, 길지도 않은
소매길이가 매력적인 여성스러운 블라우스.

1 How to make ▶ p.82

2 How to make ▶ p.82

3
How to make ▶ p.83

셔링 튜닉

가슴과 등의 셔링이 로맨틱한,
도트무늬 시폰이 가벼운 느낌을 주는 튜닉.
루즈한 실루엣이지만 핏감이 있는 소재이기 때문에
깔끔한 인상을 줍니다.

4
How to make ▶ p.83

6
How to make ▶ p.86

페플럼 블라우스

뒷중심에 트임이 있기 때문에 쉽게 입고 벗을 수 있는 블라우스.
작은 꽃무늬의 거즈소재에 딴인 풍성한 소매로 페미닌한 스타일이
연출됩니다.

5
How to make ▶ p.86

2013
Spring Tops

7
How to make ▶ p.08

래글런슬리브 셔츠

단정함과 함께 여성스러움도 어필할 수 있는 시폰 셔츠는
시스루한 스타일을 즐길 수 있습니다!
절묘한 밸런스의 바이컬러(bicolor)의 트렌드를 즐겨보세요!

8
How to make ▶ p.08

p2~6의 원단을 소개합니다

바로 만들자, 봄의 상의

2페이지 1·2

키워드 : 살랑살랑 아사원단

❶ 소프트 60수 R.실크아사
- 성분 : 코튼 / 레이온
- 원단 폭 : 138cm

❷ 소프트 60수 R/C 아사
- 성분 : 코튼 / 레이온
- 원단 폭 : 150cm

❸ 소프트 60수 R.아사_화이트
- 성분 : 코튼 / 레이온
- 원단 폭 : 150cm

❹ 소프트 코튼 오리지널 60수 아사
- 성분 : 코튼
- 원단 폭 : 150cm

3페이지 3·4

키워드 : 살랑살랑 쉬폰원단

❶ 물방울무늬 쉬폰원단
- 성분 : 폴리에스테르
- 원단 폭 : 145cm

❷ 물방울무늬 쉬폰원단
- 성분 : 폴리에스테르
- 원단 폭 : 145cm

❸ 쉬폰 블랙
- 성분 : 폴리에스테르
- 원단 폭 : 110cm

❹ 쉬폰 블랙
- 성분 : 폴리에스테르
- 원단 폭 : 110cm

4페이지 5·6

키워드 : 봄바람 플라워원단

❶ 봄바람 면나염원단
- 성분 : 코튼
- 원단 폭 : 110cm

❷ 봄바람 면나염원단
- 성분 : 코튼 / 레이온
- 원단 폭 : 140cm

❸ 봄바람 거즈원단
- 성분 : 코튼
- 원단 폭 : 156cm

❹ 봄바람 거즈원단
- 성분 : 코튼
- 원단 폭 : 110cm

5페이지 7·8

키워드 : 러블리한 단색쉬폰

❶ 사랑스런 단색쉬폰
- 성분 : 폴리에스테르
- 원단 폭 : 110cm

❷ 사랑스런 단색쉬폰
- 성분 : 폴리에스테르
- 원단 폭 : 110cm

❸ 사랑스런 단색쉬폰
- 성분 : 폴리에스테르
- 원단 폭 : 110cm

❹ 사랑스런 단색쉬폰
- 성분 : 코튼
- 원단 폭 : 110cm

6페이지 9·10

키워드 : 산뜻한 체크원단

❶ 산뜻한 체크원단
- 성분 : 코튼
- 원단 폭 : 110cm

❷ 산뜻한 체크원단
- 성분 : 코튼
- 원단 폭 : 110cm

❸ 산뜻한 체크원단
- 성분 : 코튼
- 원단 폭 : 110cm

❹ 산뜻한 체크원단
- 성분 : 코튼
- 원단 폭 : 110cm

본 상품은 패션스타트 사이트에서 구입하실 수 있습니다.
www.fashionstart.net

패션스타트 검색

대한민국 대표 패션 DIY 쇼핑몰

행복한 소잉을 함께하는 파트너 패션스타트 ♥

대표번호
1644-8957

래글런 슬리브 셔츠 만드는 방법

1 소맷부리 트임을 바이어스 처리한다

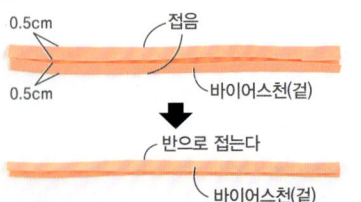

1. 바이어스천을 접는다.

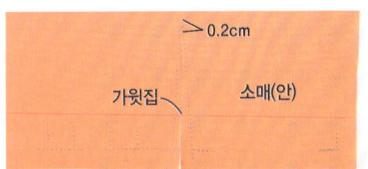

2. 소맷부리 트임 표시의 중심에 가윗집을 준다.

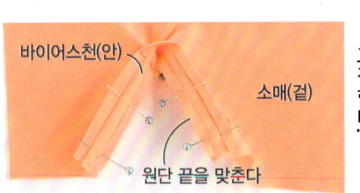

3. 소매와 바이어스천을 겉끼리 맞대어 원단 끝을 맞춰 고정한다.

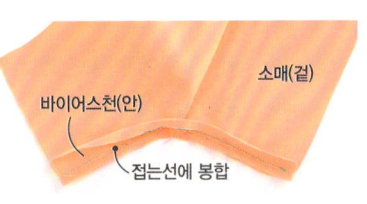

4. 접는선의 위치를 미싱으로 봉합한 다. 안에서 본 모습

5. 바이어스천으로 원단 끝을 감싸고, 원래의 접는선에 맞춰 접는다.

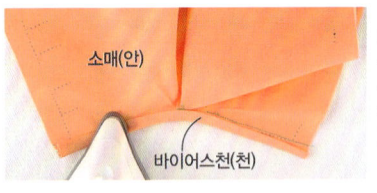

6. 소매 겉쪽에서 미싱으로 봉합한다.

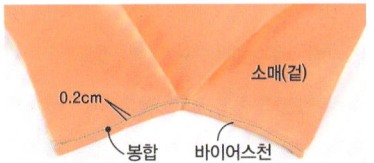

7. 바이어스를 접고, 접은 곳을 비스듬하게 봉합한다.

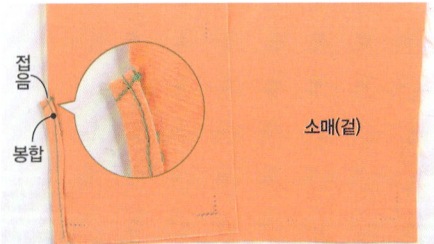

8. 턱을 접고, 바이어스를 접어 임시고정 봉합한다.

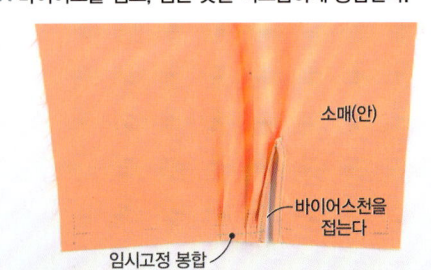

재료

- 단추 11mm폭 9개
- 미싱실 : 프라임 소잉전용실
- 겉감 112cm폭 (폴리에스테르 시폰) S·M 1m30cm / L·LL 1m40cm
- 배색천 112cm폭 (폴리에스테르 시폰) S·M 1m40cm / L·LL 1m50cm
- 접착심 110cm폭 70cm
- 워셔블 매직테이프

5 페이지 7·8

실물크기 패턴 A면 ㉓~㉙

제도

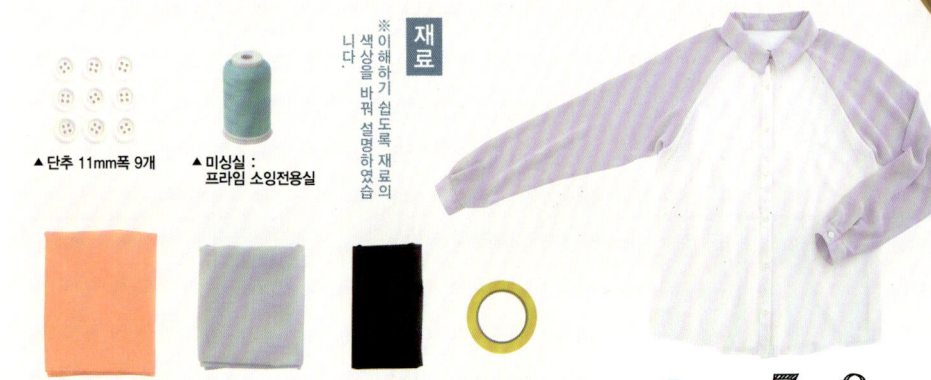

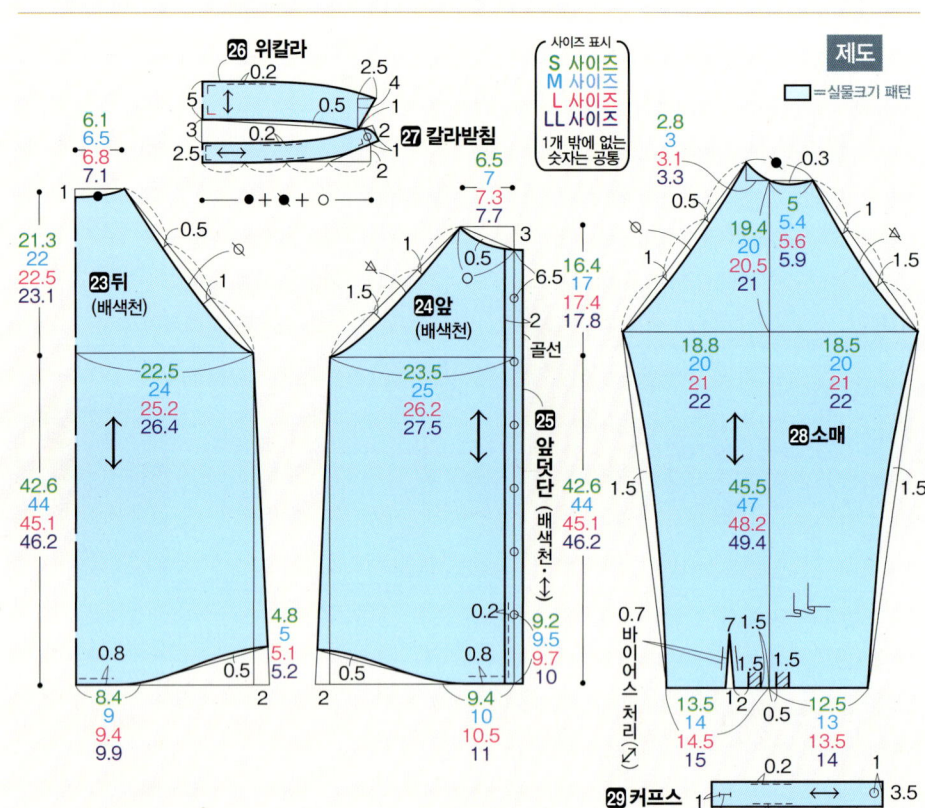

재단배치도

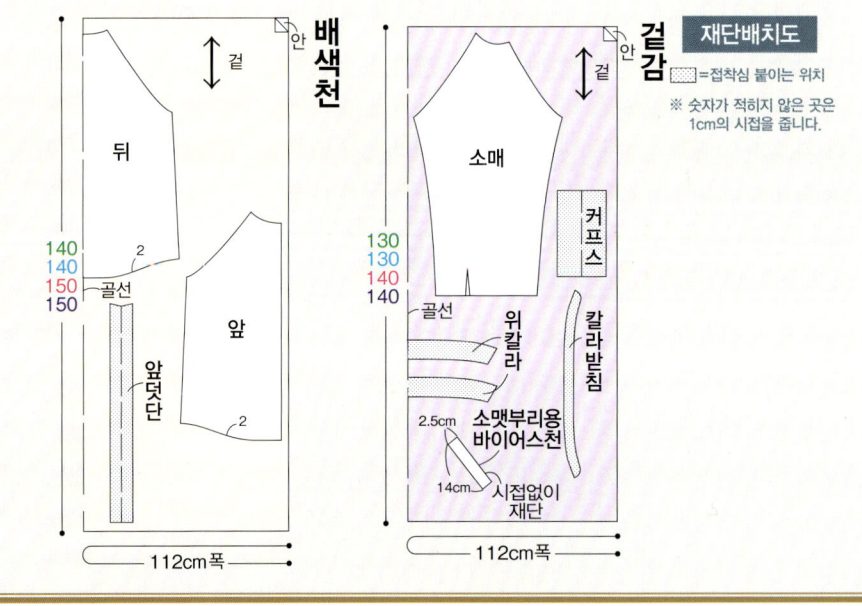

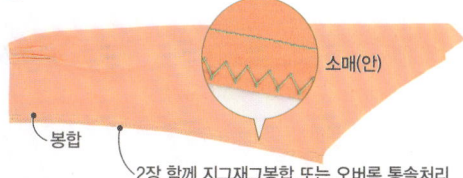

2 소매아래선을 봉합한다

1. 소매아래선을 봉합하고, 시접을 정리한다.

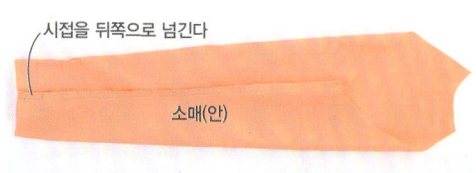

2. 시접을 뒤쪽으로 넘긴다.

3 커프스를 만들어 단다

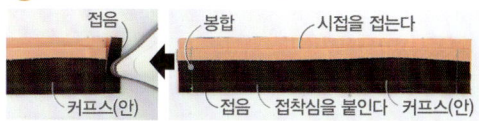

1. 안쪽면에 접착심을 붙이고, 양 끝을 봉합한다. 시접을 다림질로 접는다.

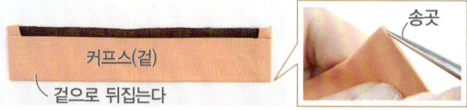

2. 겉으로 뒤집어 정리한다. 모서리는 송곳을 사용하여 꺼낸다.

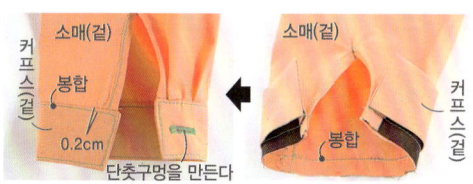

3. 소맷부리에 커프스를 겹쳐 봉합하고, 시접은 커프스 안으로 넣어 한 바퀴 봉합한다.

4 몸판을 맞춰 봉합한다

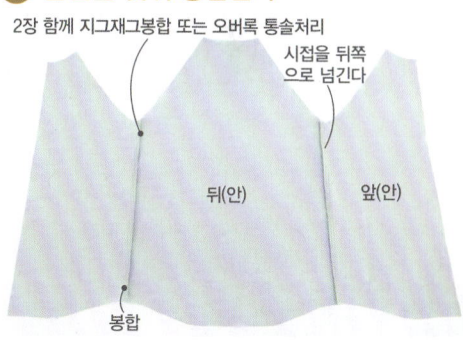

1. 뒤와 앞을 겉끼리 맞대고 옆선을 봉합한다. 시접을 정리하고, 뒤쪽으로 넘긴다.

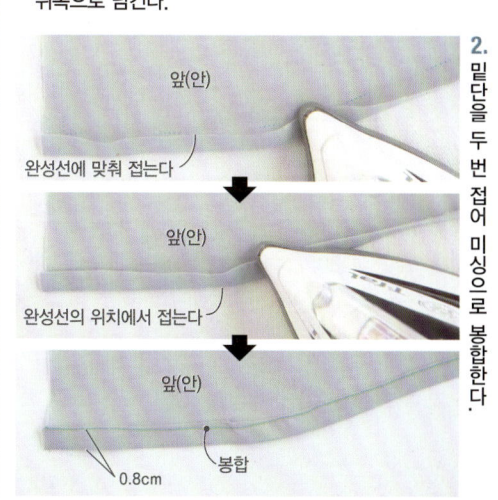

2. 밑단을 두 번 접어 미싱으로 봉합한다.

5 앞덧단을 만들어 단다

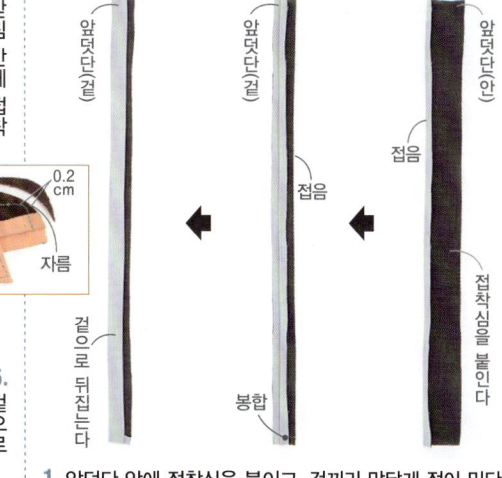

1. 앞덧단 안에 접착심을 붙이고, 겉끼리 맞닿게 접어 밑단쪽을 봉합한다.

2. 몸판 앞 끝에 앞덧단을 안으로 넣어 상침한다. 앞덧단을 겹쳐 봉합하고, 시접을 앞덧단 안으로 넣어 상침한다.

6 소매를 단다

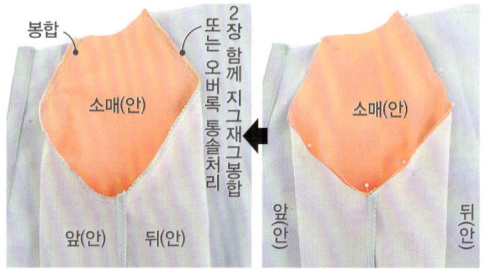

소매와 몸판을 겉끼리 맞대어 고정한다. 미싱으로 봉합하고, 시접을 정리한다.

7 칼라를 만든다

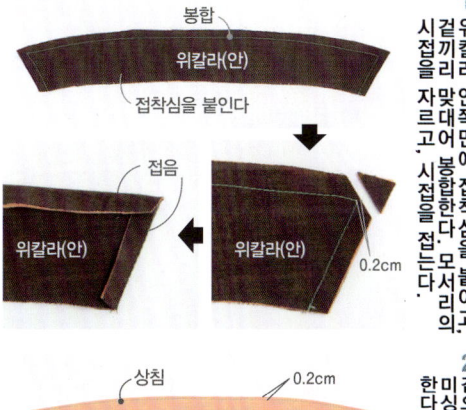

1. 위칼라끼리 겉끼리 맞대어 안쪽면에 접착심을 붙이고, 시접을 자르고, 미싱으로 봉합한다. 모서리의 시접을 접는다.

2. 겉으로 뒤집어 상침

3. 접착심을 붙인다

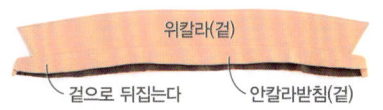

심을 붙이고, 안칼라받침의 시접을 접는다. 칼라받침 안에 접착

4. 칼라받침을 겉끼리 맞대고, 사이에 위칼라를 끼워 봉합한다.

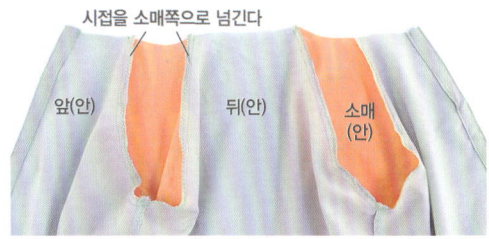

5. 정리 뒤 겉으로 집어 한다.

8 칼라를 단다

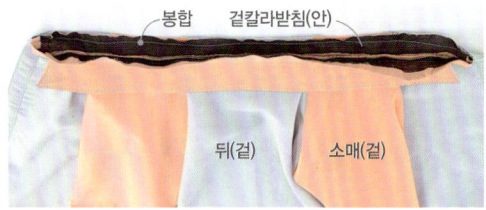

1. 소매둘레의 시접을 소매쪽으로 넘긴다.

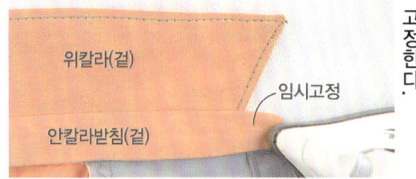

2. 겉칼라받침을 칼라둘레에 겹치고, 안칼라받침을 젖히고 봉합한다.

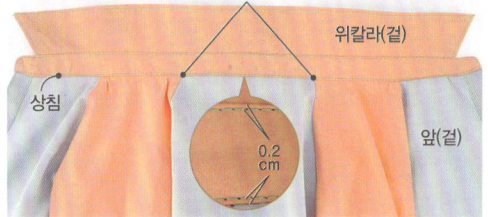

3. 시접을 칼라받침 안으로 넣고, 매듭테이프로 임시고정한다.

4. 칼라받침의 둘레를 미싱으로 한 바퀴 봉합한다.

9 완성

Trend Keyword 1
Cardigan

【 카디건 】

여러 벌 갖춰 두고 매일 입고 싶은 아이템. 여유있는 스타일의 롱 카디건과 양쪽이 다른 색상의 스트라이프로 디자인된 개성있는 카디건. 단추를 어떻게 채우는가에 따라 다양한 표정을 즐길 수 있습니다!

11
How to make p.92

봄의 멋쟁이는 핸드메이드로!
트렌드 키워드 10

봄이 되면 새로운 아이템으로 옷장을 가득 채우고 싶어집니다! 기다리던 봄을 세련됨으로 물들이고 싶은 그런 마음으로, 지금 바로 일상에서 입을 수 있는 트렌드 아이템을 소개합니다. 올봄도 핸드메이드로 즐겨보세요.

13
How to make
p.93

12
How to make
p.93

13

12

11

11 FEMALE

15
How to make
p.90

14
How to make
p.89

Trend Keyword.

N2
eon
color

15

14

【 네온 컬러 】

입는 것만으로 생기있어 보이는 네온 컬러.
편하게 입을 수 있는 상의로 올봄에 어울리는
팝한 스타일을 연출해 보세요!

Trend Keyword. 3
Sleeveless trench coat

【 슬리브리스 트렌치코트 】

소매가 없는 디자인으로 풀오버나 니트 등 폭 넓게 레이어드할 수 있는 새로운 유행 아이템. 허리를 조여 입거나 걸쳐 입을 수 있어 다양한 스타일 연출이 가능한 트렌치코트입니다.

16

17

16
How to make
p.89

17
How to make
p.89

19
How to make p.84

Trend Keyword. 4
Stripe

【 스트라이프 】

움직임이 있는 스타일을 실현시켜 주는 스트라이프 아이템은 매우 시원해 보이며, 라인을 샤프하게 보여 주는 효과도 있습니다!

19

20

21

22

22
How to make
p.88

Mixed Fabrics

Trend Keyword. 6

【다른 소재 MIX】

소재감이 다른 원단을 능숙하게 MIX하여 유행하는 아이템들을 즐겨보세요. 핸드메이드를 하는 사람만이 가능한 매력이 넘치는 원단 믹스매치를!

23

24

23
How to make
p.89

24
How to make
p.103

25 How to make p.87

26 How to make p.87

Trend Keyword. 7
Cropped tops

【 크롭트 톱 】

어깨에 리본으로 묶어 입는 짧은 길이의 상의. 밑단은 원단의 무늬를 살린 직선라인이지만, 입으면 사이드가 살짝 자연스럽게 내려가는 디자인입니다.

Trend Keyword. 8
Long shirt

【 롱 셔츠 】

원피스로서는 물론, 걸쳐 입기에도 편리한 롱 셔츠. 원피스로 입을 때는 끈으로 허리를 묶어 주고, 걸쳐 입을 때는 뒤쪽에서 끈을 묶어주면 다양한 스타일의 코디가 가능합니다!

27
How to make p.84

28
How to make p.84

27

28

Long skirt

Trend Keyword. 9

【 롱 스커트 】

세로 라인을 강조하여 길어 보이는 실루엣을 연출하는 롱 스커트. 얇은 니트 원단이기 때문에 볼륨감은 있지만 무겁지 않아 가볍게 입을 수 있습니다.

29

30

29
How to make
p.91

30
How to make
p.91

32
How to make
p.85

31
How to make
p.85

Trend Keyword. **10**
Cat motif

32

31

【고양이 모티브】

이번 시즌 유행하는 고양이를 모티브로 디자인한
고양이 귀 베레모와 귀여운 고양이 무늬의
프린트 원단으로 블라우스를 만들어 보세요.

Mix & Match를 즐기는

장식 칼라 & 원피스

목걸이보다 존재감이 뛰어나, 다는 것만으로 심플한 옷도 화려하게
변신시켜 주는 장식 칼라. 노칼라의 원피스에 매치해 보세요.
매치하는 방법은 당신 마음대로!
아직 장식 칼라에 도전해 보지 않았다면, 올봄에는 목을 장식하는
새로운 스타일에 도전해 보세요.

담당 : 有井里枝 宮路睦子 松井麻美 / 촬영 : 慶塚良彦 / 헤어&메이크업 : 今井貴子
모델 : 木野園子 真間玲奈   스타일리스트 : 松田えり / 페이지 디자인 : 大井健太郎 [tabloid]

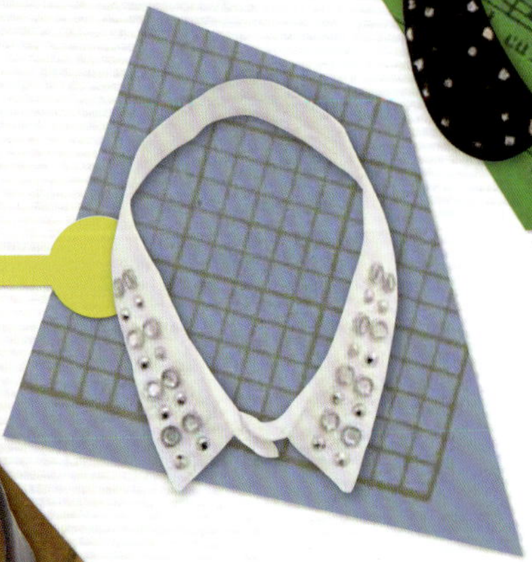

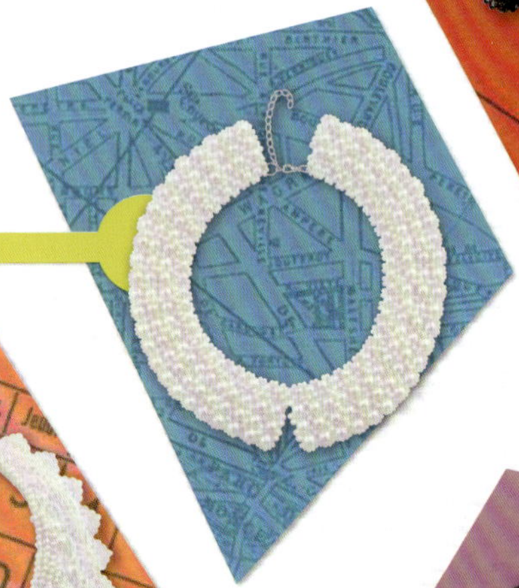

스터드·퍼의 화려한 장식 칼라 ✳ 골드 스터드의 장식 칼라

어깨 프릴의 비대칭 원피스

조금 두꺼운 스트라이프 니트의 캐주얼 원피스. 스트라이프 원단을 사용하는 것으로 표정이 나타나는 페미닌한 디자인.
오른쪽 어깨의 프릴은 잘라서 러프한 스타일로. 장식 칼라를 액세서리처럼 사용하여 포인트를 주었습니다.

하트 스터드의 장식 칼라 ✳ 별 스터드의 장식 칼라

파워숄더 코튼 저지 원피스

기모 니트로 만든 감각적인 파워숄더 원피스. 트렌디한 분위기를 캐주얼 소재와 믹스해 일상에서 입을 수 있는 아이템으로.
스터드가 달린 장식 칼라로 트렌디한 스타일을 완성!

레이스&꽃 모티브의 장식 칼라 ✼ 스터드·퍼의 장식 칼라

레이스와 깅엄체크의 뷔스티에 스타일 원피스

레이스와 깅엄체크의 조합이 걸리시한 원피스! 뷔스티에 실루엣과 볼륨있는 플레어 스커트도 올해 유행 예감.
조금은 강렬한 장식 칼라를 더해 부드러우면서도 강한 스타일을 연출해 보세요.

반짝반짝 스톤 스터트의 장식 칼라 * **펄비즈&레이스의 장식 칼라**

아라베스크 무늬의 로웨이스트 원피스

크레이프 소재이기 때문에 떨어지는 라인이 예쁜 고급스러운 원피스. 아라베스크 무늬에 잘 어울리는 하얀 장식 칼라가 포인트입니다.

46
How to make
p.98

펄비즈의 장식 칼라 ✕ 래글런슬리브 심플 원피스

래글런슬리브이기 때문에 어깨 라인이 매우 예쁜 실루엣.
우아하게 빛나는 펄비즈의 장식 칼라는 옷의 네크라인에 맞춰 길이를 조절할 수 있습니다!

원피스 & 장식 칼라를 만들어 보세요!

p24~30의 원단과 부자재를 소개합니다

26페이지 35·36

줄무늬 분포원단
- 성분 : 코튼
- 원단 폭 : 90cmW

30수 싱글줄무늬원단
- 성분 : 코튼
- 원단 폭 : 145cm

27페이지 38·40
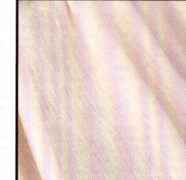

실켓 레이온저지
- 성분 : 레이온/스판덱스
- 원단 폭 : 160cm

실켓 T/R 저지
- 성분 : 텐셀/TR스판
- 원단 폭 : 150cm

28페이지 41·42

깅검체크원단
- 성분 : 코튼
- 원단 폭 : 110cm

깅검체크원단
- 성분 : 코튼
- 원단 폭 : 110cm

29페이지 43·45

60수 R.아사
- 성분 : 레이온
- 원단 폭 : 145cm

60수 R.아사
- 성분 : 레이온
- 원단 폭 : 145cm

30페이지 46

물방울 쉬폰
- 성분 : 폴리에스테르
- 원단 폭 : 145cm

26페이지 34 27페이지 37

베지터블 레자
- 성분 : 폴리우레탄
- 원단 폭 : 140cm

27페이지 39 29페이지 44

양피레자
- 성분 : 코튼/우레탄필름
- 원단 폭 : 152cm

진주 구슬

❶ 39-945 큐티 앙드레 하트 반진주 – 8mm
❷ 50-270 6mm 장식용 진주 백아이보리
❸ 50-271 4mm 장식용 진주 백아이보리

키워드 : 살랑살랑 진주구슬

스터드
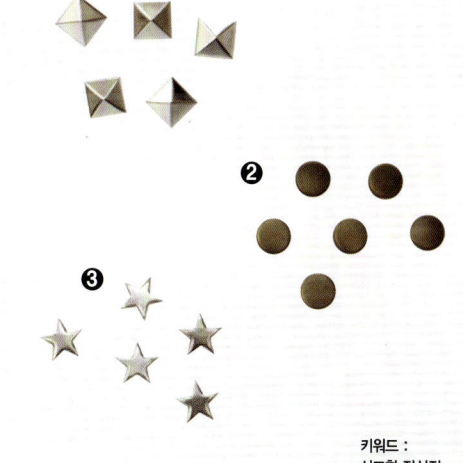

❶ 31-287 니켈 사각장식 징 (7mm)
❷ 31-230 엔틱골드 원형장식 징 (8mm)
❸ 01-070 스타앤스타징 (10mm)

키워드 : 시크한 장식징

큐빅스톤

❶ 57-124 마리황 투명큐빅스톤-원형 (14mm)
❷ 58-720 마리황 투명큐빅스톤 – 하트 (20mm)
❸ 41-521 스와로브스 오색 핫픽스 – 6mm
❹ 19-163 핫픽스 접착식 화이트 4mm

키워드 : 반짝반짝 큐빅

패션스타트 검색

본 상품은 패션스타트 사이트에서 구입하실 수 있습니다.
www.fashionstart.net

대한민국 대표 패션 DIY 쇼핑몰
Fashion start
행복한 소잉을 함께하는 파트너 패션스타트...♥

해피베이스
Happybears all of the sewingDIY

대표번호 1644-8957

원피스와 장식 칼라 만들기 도전!

Bag in bag으로도 사용할 수 있는 특별한 클러치백.
필수품이 딱 들어갈 정도의 콤팩트한 사이즈로 코디의 포인트가 되는 즐거운 아이템♡

담당 : 有井里枝　宮路睦子　松井麻美 ／ 촬영 : 落合健介 (화보)　腰塚良彦 (작품) ／ 헤어&메이크업 : AKI
모델 : 根岸彩　MARIKO ／ 페이지 디자인 : 大井健太郎 [tabloid]

CLUTCH BAG

48
입술 클러치백
How to make ▶ p.99

LIP CLUTCH CHU♡

47
고양이 클러치백
How to make ▶ p.99

CAT CLUTCH nyaaaa…

LOVE! **HEART** CLUTCH
50
하트 클러치백
How to make ▶ p.99

COOOL! **DOUBLE OVER** CLUTCH
49
더블 오버 클러치백
How to make ▶ p.93

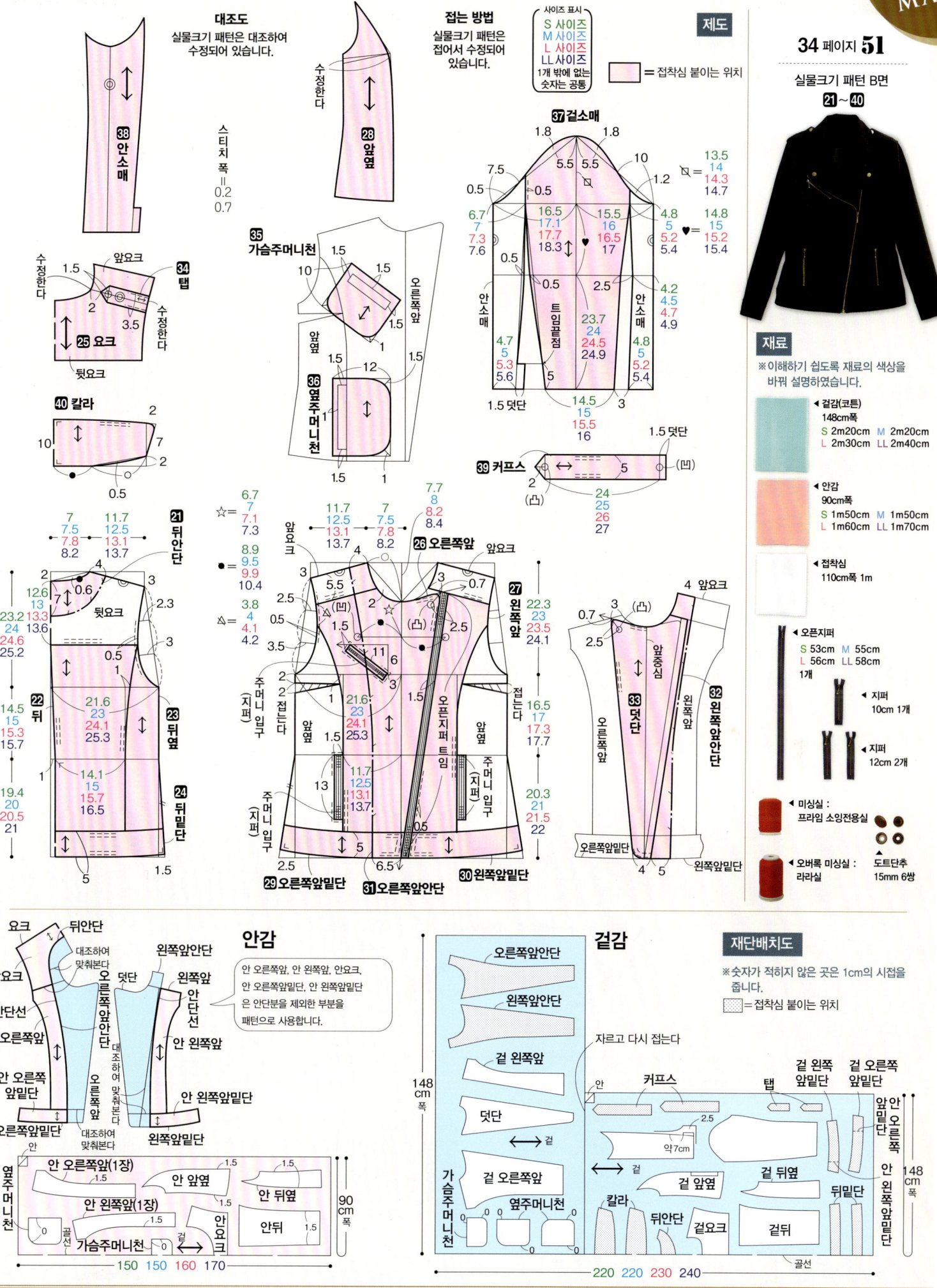

봉합하는 방법

❶ 뒷몸판을 만든다

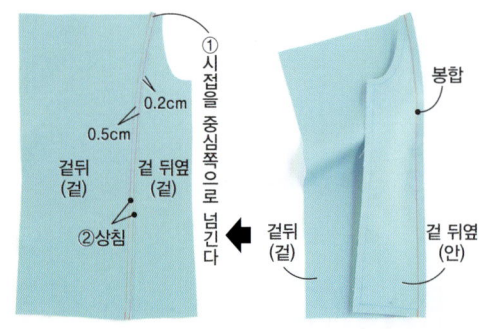

1. 겉뒤와 겉 뒤옆을 겉끼리 맞춰 절개선을 봉합한다.

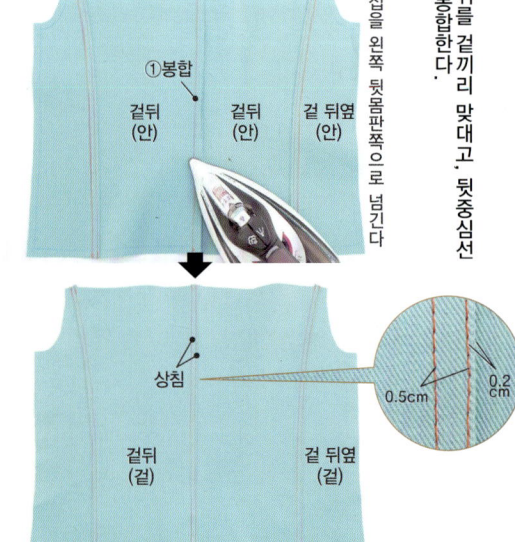

❷ 뒷몸판과 요크를 맞춰 봉합한다

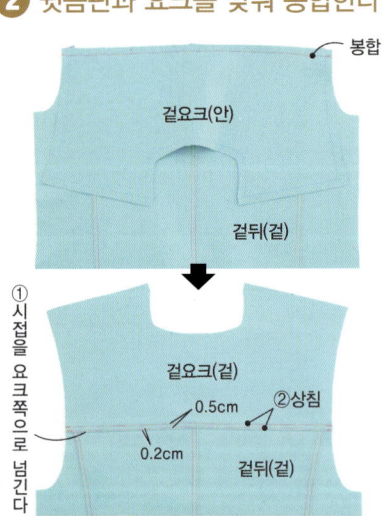

❸ 겉 뒤밑단천을 단다

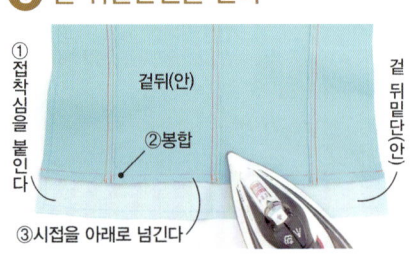

❹ 가슴주머니를 만든다

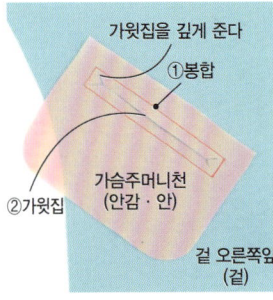 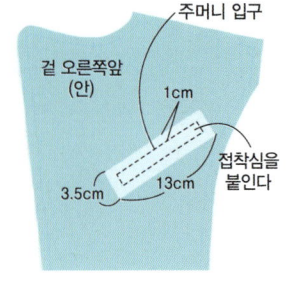

1. 주머니 입구에 접착심을 붙인다.
2. 가슴주머니천을 겹치고, 주머니 입구를 봉합한다.

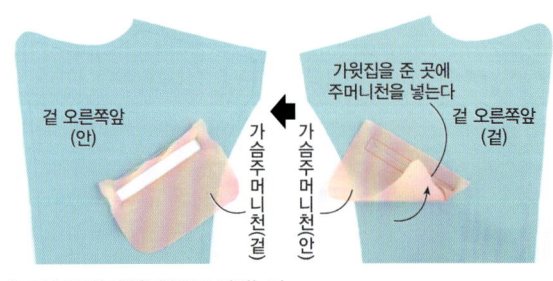

3. 가슴주머니천을 안으로 뒤집는다.

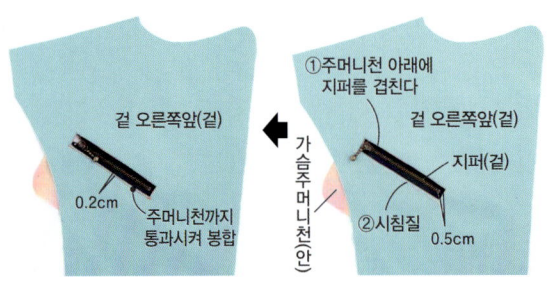

4. 가슴주머니천 아래에 지퍼를 겹치고, 주머니 입구의 아래를 봉합한다.
5. 주머니천을 겹친다.

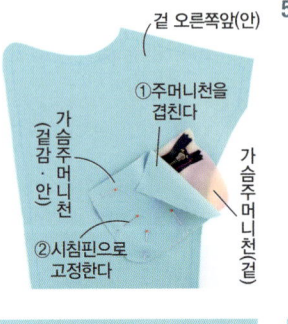

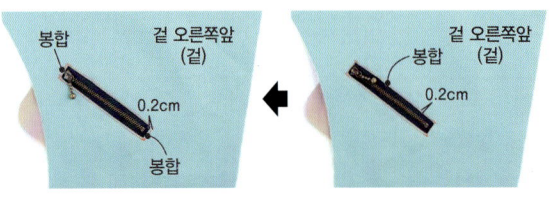

6. 주머니 입구의 남은 세변을 봉합한다. 아래까지 통과시켜 봉합한다.

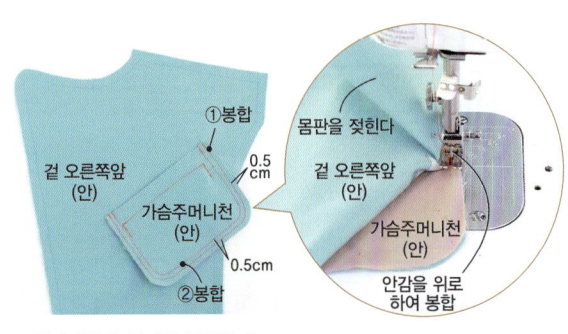

7. 주머니천의 둘레를 봉합한다.

8. 가슴주머니천 완성

❺ 절개선을 봉합하고, 옆주머니를 만든다

1. 주머니 입구에 접착심을 붙인다.

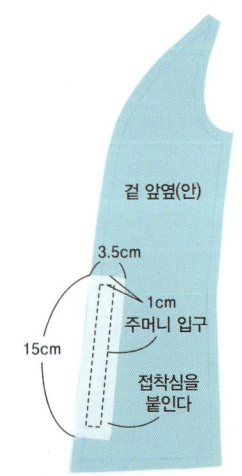

2. 여분을 자르고, 주머니 입구를 접는다.

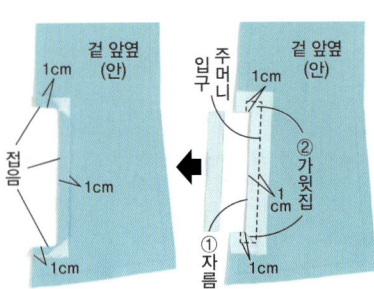

3. 지퍼를 겹치고, 시침질로 고정한다.

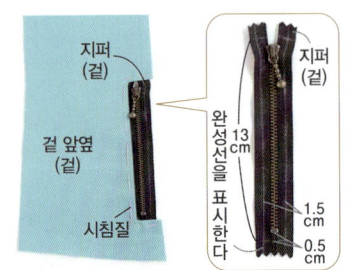

4. 의 안감의 옆주머니천 여분을 자른다.

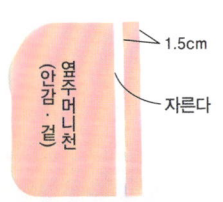

5. 주머니 입구에 옆주머니천을 겹치고, 자른 옆주머니천을 고정한다.

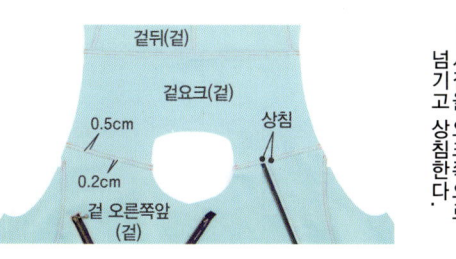
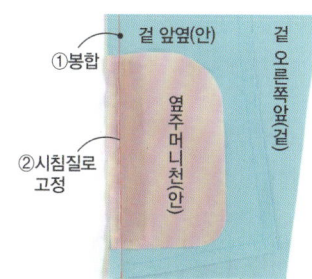

2. 시접을 요크쪽으로 넘기고 상침한다.

6. 절개선을 봉합한다.

❻ 앞밑단천을 단다

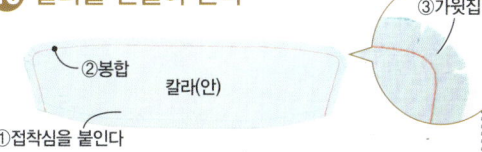

1. 겉앞쪽몸판과 겉오른쪽 앞밑단천을 겉끼리 맞대어 절개선을 봉합한다.

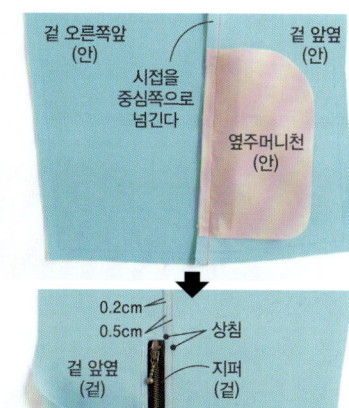

7. 시접을 중심쪽으로 넘기고, 상침한다.

❿ 칼라를 만들어 단다

1. 칼라를 겉끼리 맞대어 칼라둘레선을 봉합한다.

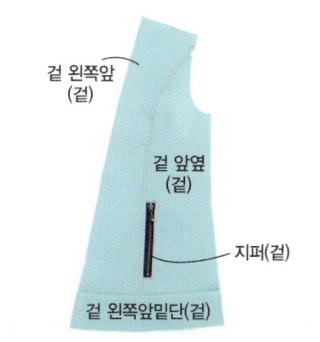

2. 겉왼쪽앞도 같은 모양으로 봉합한다.

❼ 오픈지퍼를 단다

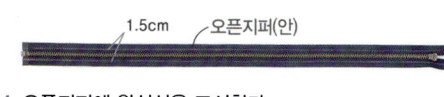

1. 오픈지퍼에 완성선을 표시한다.

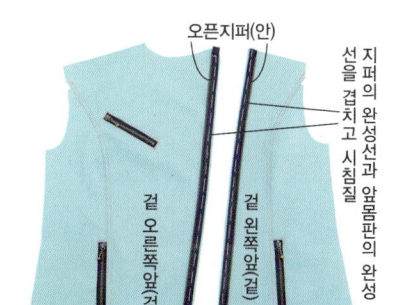

2. 지퍼의 완성선과 앞몸판의 완성선을 겹치고 시침질 앞몸판과 오픈지퍼를 겉끼리 맞대어 시침질로 고정한다.

8. 옆주머니천을 중심쪽으로 넘긴다.

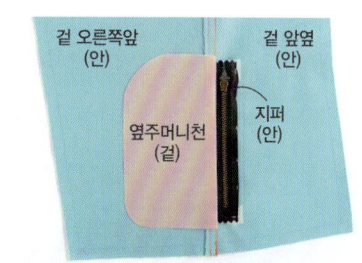

9. 주머니천을 겹치고, 주머니 입구를 봉합한다.

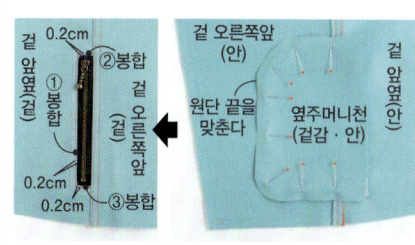

2. 겉으로 뒤집어 상침한다.

3. 겉몸판에 칼라를 겹치고 시침질에 고정한다.

⓫ 안단을 만들어 단다

1. 안단을 겉끼리 맞대어 어깨선을 봉합한다.

❽ 왼쪽 앞몸판에 덧단을 단다

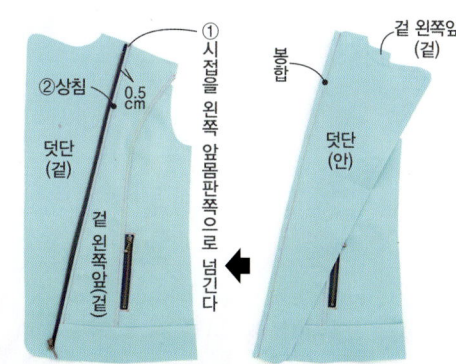

겉왼쪽앞과 덧단을 겉끼리 맞대어 절개선을 봉합한다.

10. 주머니천의 둘레를 봉합한다.

2. 겉몸판과 안단을 겉끼리 맞대어 봉합한다.

⓬ 옆선을 봉합한다

❾ 앞몸판과 요크를 맞춰 봉합한다

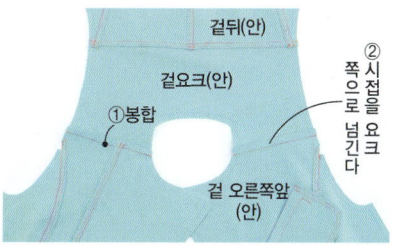

1. 겉앞몸판과 겉요크를 겉끼리 맞대어 절개선을 봉합한다.

2. 시접을 요크쪽으로 넘긴다.

11. 옆주머니천 완성

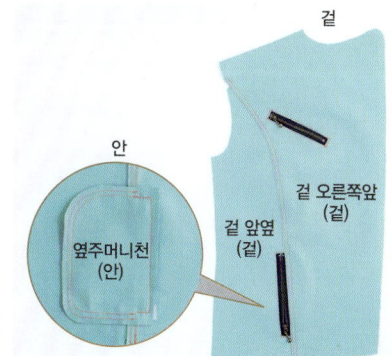

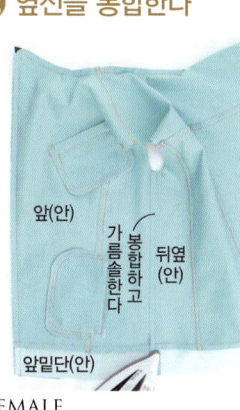

겉뒷몸판과 겉앞몸판을 겉끼리 맞대어 옆선을 봉합한다.

⓯ 소매를 만든다

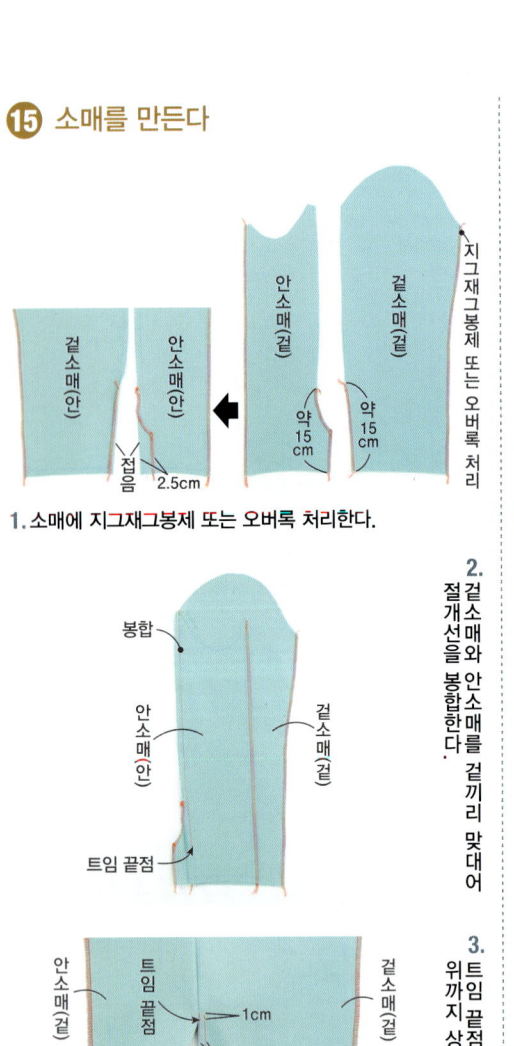

1. 소매에 지그재그봉제 또는 오버록 처리한다.
2. 겉소매와 안소매를 겉끼리 맞대어 절개선을 봉합한다.
3. 위 트임까지 상침한다.
4. 시접을 겉소매쪽으로 넘기고 트임 끝점까지 겉소매쪽으로 넘기고 다른 한쪽의 절개선을 봉합한다.

⓰ 커프스를 만들어 단다

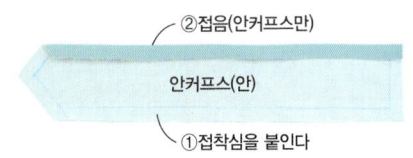

1. 안커프스의 시접을 접는다.

⓮ 안몸판을 단다

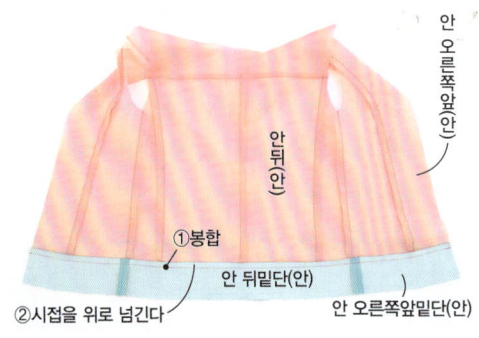

7. 안밑단을 안몸판에 단다.

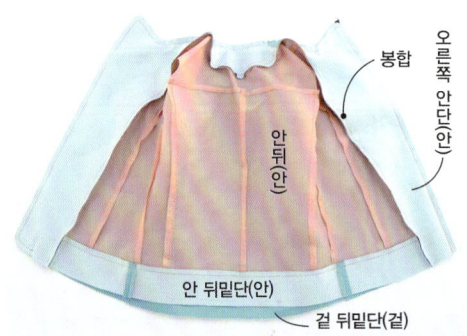

1. 안단과 안몸판을 겉끼리 맞대어 봉합한다.

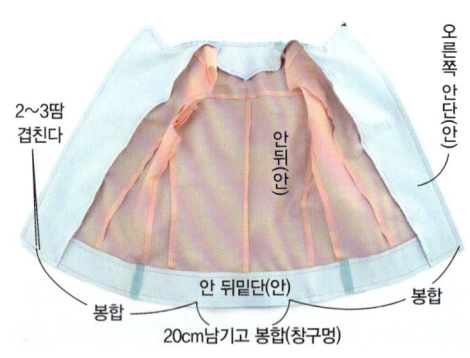

2. 밑단선을 봉합한다.

3. 창구멍에서 겉으로 뒤집는다.

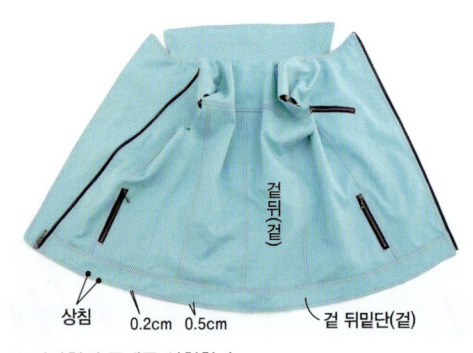

4. 밑단천의 둘레를 상침한다.

⓭ 안 앞몸판을 만든다

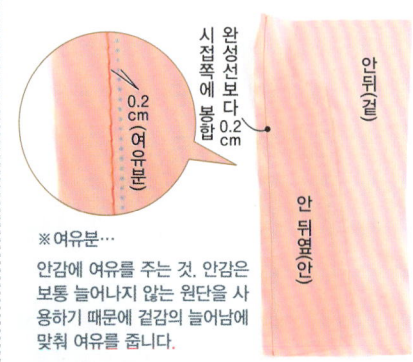

1. 안뒤와 안 뒤옆을 겉끼리 맞대어 절개선을 봉합한다.

※여유분... 안감에 여유를 주는 것. 안감은 보통 늘어나지 않는 원단을 사용하기 때문에 겉감의 늘어남에 맞춰 여유를 줍니다.

2. 안뒤를 겉끼리 맞대어 뒷중심선을 봉합한다.

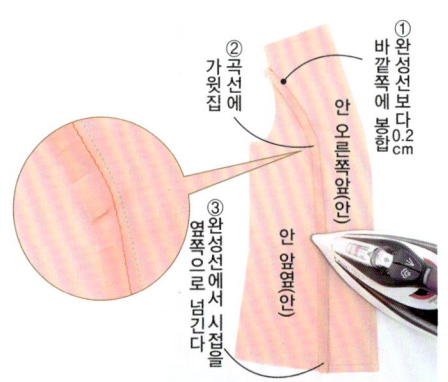

3. 안앞과 안 앞옆을 겉끼리 맞대어 절개선을 봉합한다.

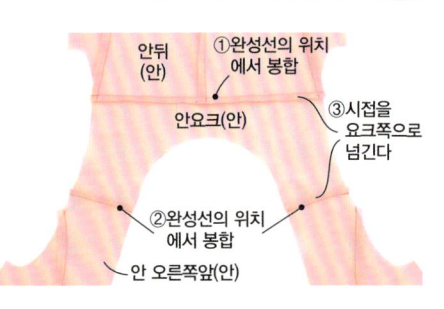

4. 안요크를 단다.

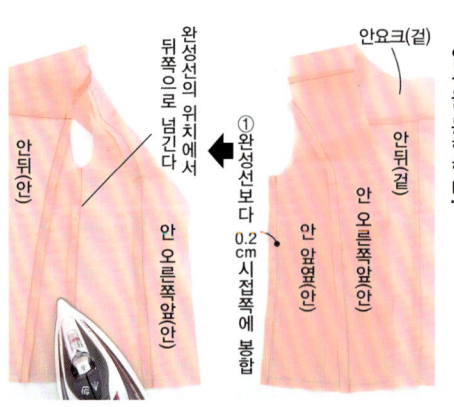

5. 안 앞옆과 안 뒤옆을 겉끼리 맞대어 옆선을 봉합한다.

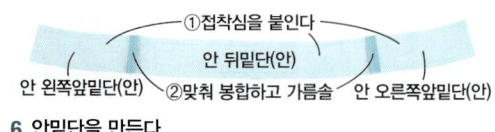

6. 안밑단을 만든다.

Rider's Leather

봄의 라이더 재킷에 어울리는 싱그러운 인조 가죽원단을 추천합니다.
패션스타트가 추천하는 시크한 가죽원단으로 라이더 재킷을 만들어보세요.
올봄에는 라이더 재킷을 만들어 락시크 스타일에 도전해 봅시다!

트렌드 베지터블 레자
- 성분 : 폴리우레탄
- 원단폭 : 140cm
- 컬러 : 허쉬 아이보리 (31-168) / 아몬드 베이지 (31-167)
  초코 크림슨 (31-170) / 참 그레이 (31-169) / 번트 블랙 (31-101)

고급 소프트 도스킨 레자
- 성분 : 폴리우레탄 / 면
- 원단폭 : 140cm
- 컬러 : 진베이지 (50-297) / 초코크림슨 (50-298) /
  초코릿 브라운 (50-299) / 블랙 (50-296)

바닐라비 style 양피레자
- 성분 : 면 / 우레탄필름
- 원단폭 : 152cm
- 컬러 : 화이트 (03-842)

패션스타트에서 구매하세요!

라이더재킷 원단 [검색]

본 상품은 패션스타트 사이트에서 구입하실 수 있습니다.
www.fashionstart.net

대한민국 대표 패션 DIY 쇼핑몰
Fashion start
행복한 소잉을 함께하는 파트너 패션스타트 ♥

대표번호 1644-8957

---

⑱ 소매를 단다

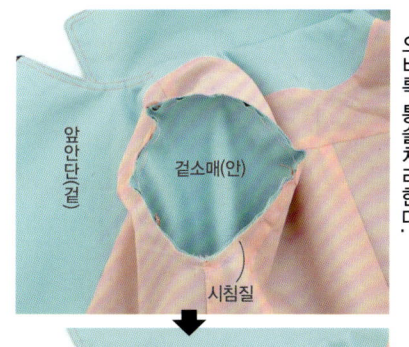

1. 겉몸판과 소매를 겉끼리 맞대고 3장 함께 지그재그봉합 또는 오버록 통솔처리한다.

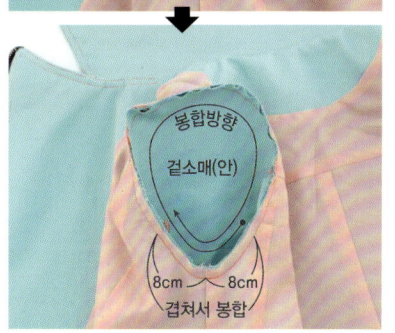

2. 시접 끝을 정리한다.

3. 시접을 몸판쪽으로 넘기고 상침한다.

⑲ 완성

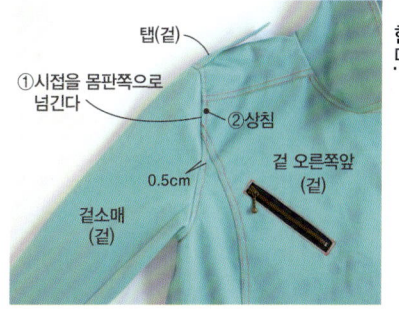

앞

뒤

도트단추를 단다

---

1. 완성선까지 봉합 / 겉커프스(겉) / 완성선까지 봉합
   안커프스(안) / 봉합

2. 커프스의 둘레를 봉합한다.

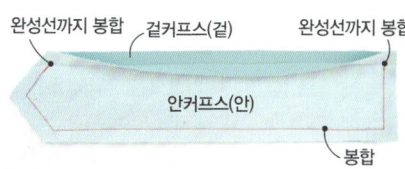

겉커프스(안) / 접착심
안커프스(겉)

3. 겉으로 뒤집는다.

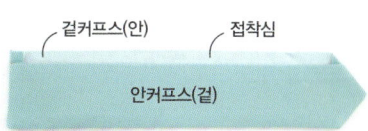

안소매(겉) / 겉소매(겉)
안커프스(겉)
봉합

4. 소매와 겉커프스를 겉끼리 맞대고 봉합한다.

안소매(겉) / 겉소매(겉)
①시접을 안으로 넣는다
겉커프스(겉) / ②봉합
0.5cm / 0.2cm

5. 시접을 커프스 안으로 넣고 봉합한다.

⑰ 탭을 만들어 단다

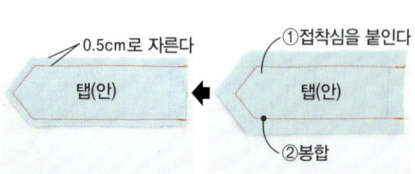

0.5cm로 자른다 / 탭(안) / ①접착심을 붙인다 / 탭(안) / ②봉합

1. 탭의 안쪽면에 접착심을 붙이고, 겉끼리 맞대어 봉합한다.

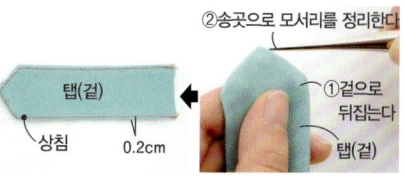

②송곳으로 모서리를 정리한다
탭(겉) / ①겉으로 뒤집는다 / 상침 / 0.2cm / 탭(겉)

2. 겉으로 뒤집고, 둘레를 상침한다.

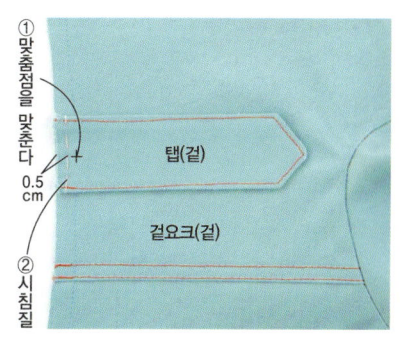

①맞춤점을 맞춘다 / 0.5cm / 탭(겉) / 겉요크(겉) / ②시침질

3. 겉요크에 시침질로 고정한다.

Gratimmy

동경하는 아틀리에 방문

목걸이 · 귀걸이 · 헤어 액세서리를 중심으로
작품 하나하나에 신경을 쓴 공들인 핸드메이드가 특징인 브랜드 『Gratimmy』
결코 복잡하진 않지만, 장식적인 작품 속에 숨은 디자이너의 고집.
작품에 사용된 소재의 색감 또한 여성스럽고 아름답습니다.

담당：有井里枝 ／ 촬영：腰塚良彦 ／ 페이지 디자인：大井健太郎 [tabloid]

Q.4 ▸▸▸ 하루의 일정을 알려주세요.

현재 집에서 디자인과 관련된 다른 일도 하고 있습니다.
오전 중에는 주로 집안일을 하고 있기 때문에, 오후부터 디자인이나 제작활동을 합니다.
그렇지만 액세서리 제작은 밤에 일이 더 잘 되는 편이라 보통 밤에 제작하고 있습니다.

Q.5 ▸▸▸ 어떤 학생이었습니까?

뭐든 흥미를 보이고, 무슨일에도 적극적인 학생이었습니다.
또, 2년간의 단기 디자인 코스가 있어서 수업 이외에 복습과 콘테스트에 도전하는 등,
한정된 시간을 유용하게 사용하려고 노력했습니다.

Q.6 ▸▸▸ 지금 패션을 공부하는 분들에게 전하고 싶은 메시지를 부탁합니다!

「생각한다」 보다 먼저는 「해보는 것!」의 행동력이라고 생각합니다.
얼마나 움직였는지가 나의 자신감이 되고, 힘도 되기 때문에 실패를
두려워하지 말고 뭐든 도전하고, 다양한 것을 경험해보길 바랍니다.
그리고 제가 가장 중요하게 생각하는 것이 「계속하는 것」입니다.
잘 안되는 일이 있어도 참고 꾸준히 노력하여 계속하는 것에 의미가 있다고
생각합니다.
마지막까지 포기하지 않고, "좋아"라고 하는 그 마음을 즐겨주세요!!

Q.1 ▸▸▸ 브랜드를 시작한 계기는 무엇인가요?

액세서리 만들기는 취미로 시작했습니다. 그러다가 브랜드까지 연장되었죠.
원래 학교를 다닐 때부터 비즈, 자수 등의 섬세한 수작업을 좋아했습니다. 전문학교 졸업
후, 디자이너로 취업하고 나서 업무로서 요구되는 디자인과 내가 원하는 디자인 세계의
차이에서 고민하고 있었을 때, 그런 생각을 실체가 있는 모양으로써 표현하고, 내가 원하는
세계를 자유롭게 발상하자라고 시작한 것이 액세서리 만들기였습니다.

Q.2 ▸▸▸ 브랜드의 컨셉이 어떻게 되나요?

Gratimmy(그라티미)는 다음 단어들의 합성어입니다.
Gratitude=(사람에 대한) 감사의 마음.
Mommy=엄마를 나타내는 쉬운 단어. 마미

Gratitude-Mommy 이 2개의 단어에서 만들어진 합성어입니다.
누구에게나 어머니의 존재는 더할 나위 없이 소중합니다.
아이가 부모를 생각하는 마음.
부모가 아이를 생각하는 마음.
어느 시대에도 변함없이 계속되는 생각.

그런 따뜻하고 아름다운 감사의 마음을 핸드메이드에 담아 표현했습니다.

Q.7 ▸▸▸ 앞으로의 목표나 하고 싶은 것을 알려주세요!

Gratimmy의 전시판매회를 하고 싶습니다.
또 이번에 피메일에 실린 것을 계기로 혼자라도 많은 분들에게
Gratimmy를 알리는 것이 목표입니다.

Q.3 ▸▸▸ 작품과 상품의 조건, 이미지들의 영감 그리고 제작 전반에 관련된 본인만의 깊은 생각을 알려주세요!

나만의 작품을 만들기에 신경쓰고 있습니다.
예를 들면, 염색·자수, 수지나 와이어로 작품을 만들거나
조화의 꽃잎을 만드는 등……
작품 한 점, 한 점 부가가치가 높은 작품을 만들기 위해 노력하고 있습니다.

PROFILE

이케다 사오리 / *Saori Ikeda*

1984년 일본 나가사키현 출생.
반탄디자인 연구소 졸업 후, 대기업 어패럴 회사에서
디자이너로 7년간 근무.
경험을 쌓고, 현재는 프리랜서 디자이너로 활동 중.
액세서리(Gratimmy)외에 슈즈디자인, 웨딩 관련 제작
도 하고 있다.

HP ▸ http://www.gratimmy.com
twitter ▸ @gratimmy

살로페트 팬츠

뒷모습까지 빈틈없이 귀여운 팬츠.
가슴받이에서 이어지는 어깨끈은
고리에 통과시켜 묶기만 하면 되는 간단한 디자인!!

salopette

P.44

턱 팬츠

굵직한 두 겹의 밑단이 포인트인 매니시한 팬츠.
약간 루즈한 스타일의 디자인이지만
복사뼈까지 오는 바지길이로 깔끔해 보입니다!

tuck

P.43

다양한 팬츠 스타일이 올봄을 맞이한다!!

팬츠특집

어떤 스타일에도 어울리는 올해의 유용한 아이템으로 존재감 있는 팬츠가 트렌드로 급부상!
그 중에서도 인기가 급상승 중인 무늬가 화려한 팬츠는 임팩트가 있는 만큼 올해 최고의 아이템입니다.
핸드메이드를 즐긴다면 무늬나 소재감에도 신경을 써봅시다!

담당 : 有井里枝　宮路睦子　松井麻美　／　촬영 : 腰塚良彦
헤어&메이크업 : 今井貴子　／　모델 : 木野園子　真間玲奈
스타일리스트 : 松田えり　／　페이지 디자인 : 大井健太郎[tabloid]

스키니 팬츠

다리가 길어 보이는 효과를 주는 하이웨이스트 스키니는 올해 HOT한 팬츠!
타이트한 디자인이기 때문에 반드시 신축성이 있는 원단으로 만드세요!

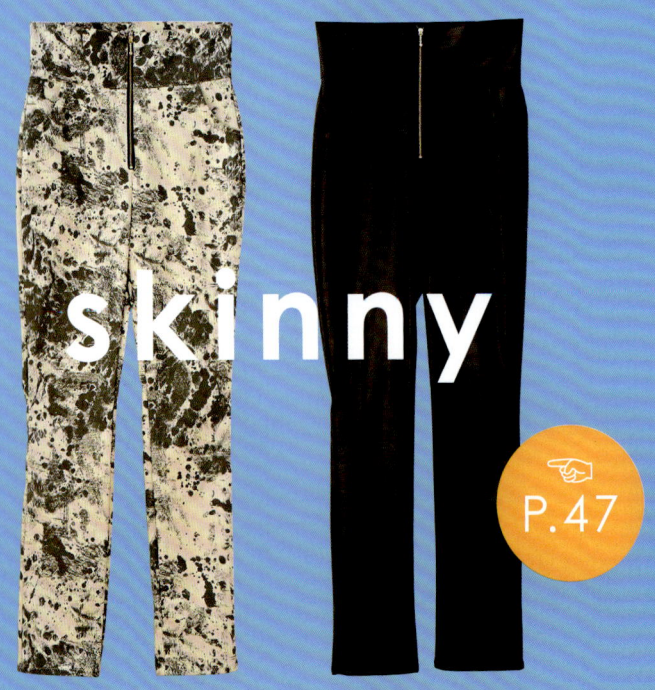

skinny

P.47

반바지

다리가 예뻐 보이는 무릎 위 길이의 팬츠.
큼직한 무늬도 이 정도의 길이라면 어떤 코디나
매치시켜 러프하게 입을 수 있어요!

bermuda

P.46

tuck
턱 팬츠

54
How to make ▶ p.100

53
How to make ▶ p.100

salopette
살로페트 팬츠

55
How to make ▶ p.102

56
How to make ▶ p.102

60 How to make ▶ p.101

59 How to make ▶ p.101

skinny
스키니 팬츠

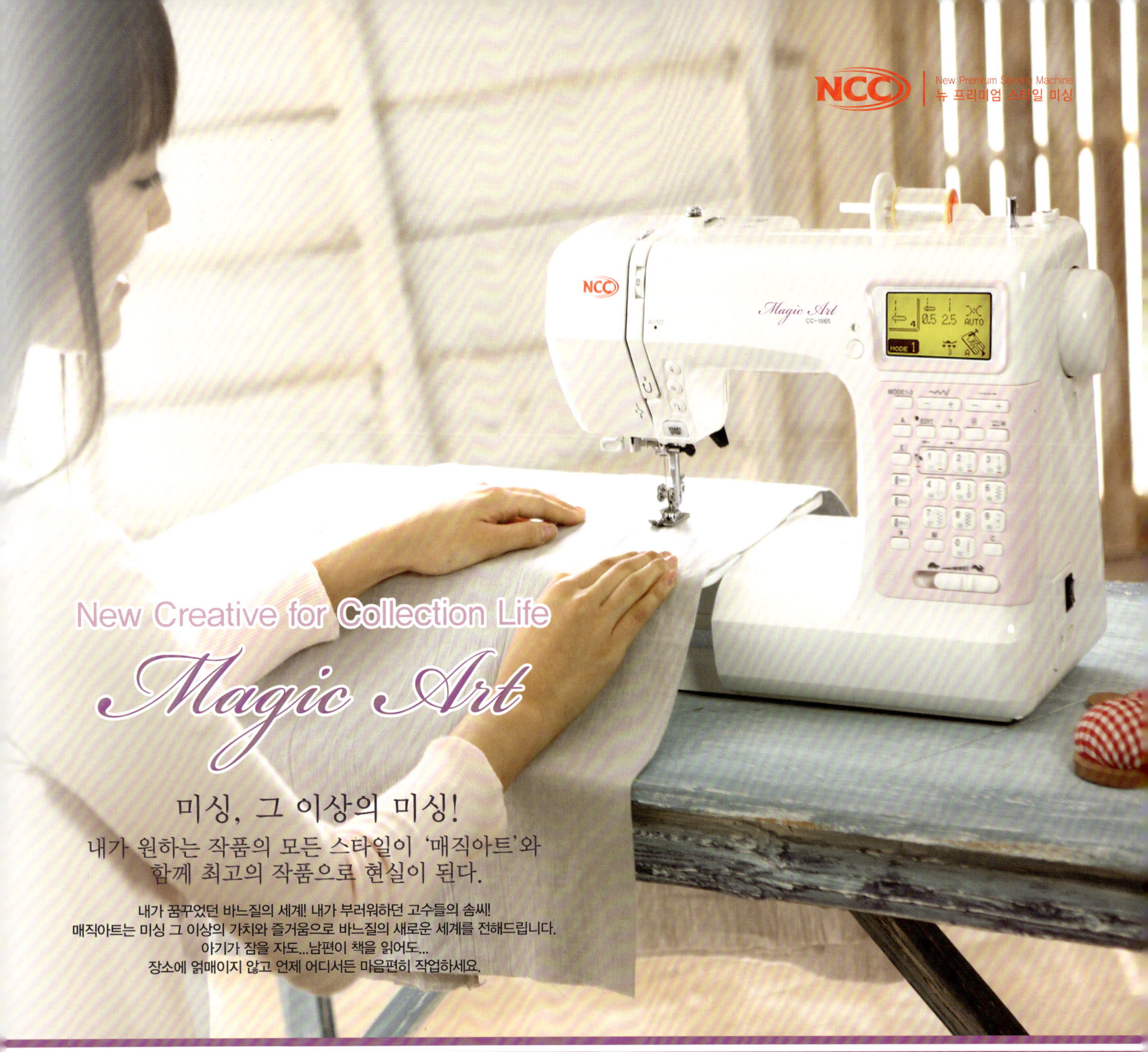

NCC
New Premium Sewing Machine
뉴 프리미엄 스타일 미싱
NCC
Magic Art
MODE 1
New Creative for Collection Life
Magic Art
미싱, 그 이상의 미싱!
내가 원하는 작품의 모든 스타일이 '매직아트'와
함께 최고의 작품으로 현실이 된다.
내가 꿈꾸었던 바느질의 세계! 내가 부러워하던 고수들의 솜씨!
매직아트는 미싱 그 이상의 가치와 즐거움으로 바느질의 새로운 세계를 전해드립니다.
아기가 잠을 자도...남편이 책을 읽어도...
장소에 얽매이지 않고 언제 어디서든 마음편히 작업하세요.

편리한 자동설정기능

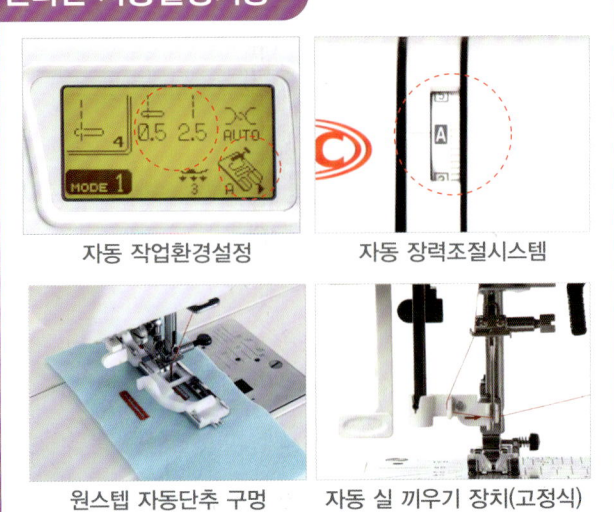

자동 작업환경설정

자동 장력조절시스템

원스텝 자동단추 구멍

자동 실 끼우기 장치(고정식)

576가지의 스티치와 패턴조합, 패턴관리 기능

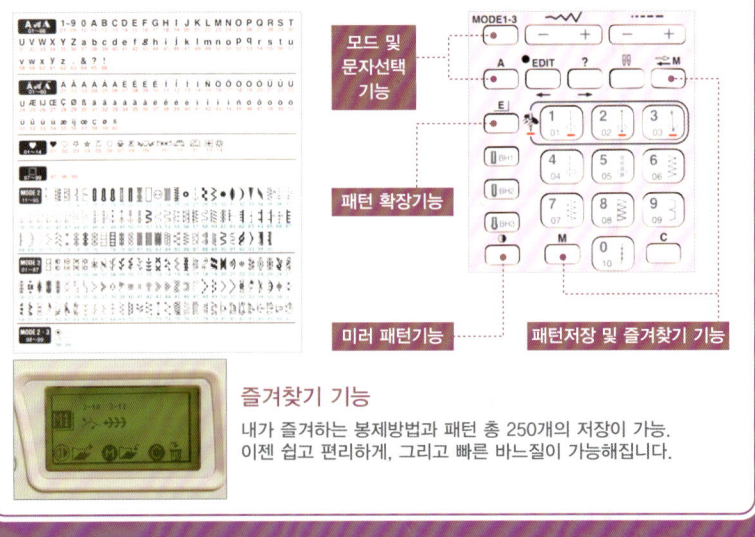

모드 및 문자선택 기능
패턴 확장기능
미러 패턴기능
패턴저장 및 즐겨찾기 기능

즐겨찾기 기능

내가 즐겨하는 봉제방법과 패턴 총 250개의 저장이 가능.
이젠 쉽고 편리하게, 그리고 빠른 바느질이 가능해집니다.

진정한 소잉의 가치와 즐거움을 전하는
미싱 그 이상의 기능

- 미싱 구입 따로! 소잉 부재료 구입 따로! 왜 이렇게 따로따로 구입해야만 할까요?
  매직아트는 미싱과 함께 "하드케이스&확장형테이블" 등의 구성품은 기본!!!
  "용도별 15가지 노루발" 및 "27가지 종류의 다양한 소잉 부재료"를
  무료 사은품으로 제공해드립니다.

- 윗실 장력 조절 다이얼
- 개폐식 면판
- 면판 사절장치
- 자동 실끼우기 장치
- 침판(보조침판 장착)
- 보조 테이블
- 바늘 상하 위치 조절버튼
- 패턴 완성 버튼
- 후진 재봉 버튼
- 시작/정지 버튼
- 투명판
- 실패꽂이
- 밑실 감기장치
- 밑실감기 스토퍼
- LCD표시창
- 풀리
- 화면 밝기 조절 다이얼
- 기능버튼
- 속도 조절 슬라이드

소잉 및 관리의 업그레이드 기능

* **구입 가능한 곳**
  온라인 – 패션스타트, 심플소잉, NCC
  오프라인 – '심플소잉NCC' 전국 대리점
* **고객센터 : 1644-5662**

* 뉴 프리미엄 미싱 'NCC'는 업그레이드된 바느질의
  즐거움과 가치를 선사하여 대한민국의 소잉문화를
  새롭게 만들어 나갑니다.

www.ncckorea.co.kr
검색창에 NCC미싱 ▼ 을 쳐보세요.

소음 방지 기능

개폐식 면판

듀얼 조명

보조침판 기능

(보조침판 미사용 시 봉제현상)

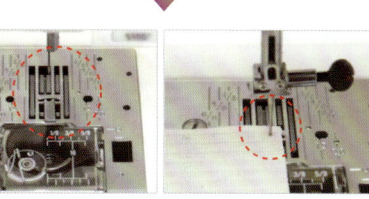

(보조침판 사용 시 봉제현상)

* 미싱, 그 이상의 미싱 '매직아트'는 이외에도 미처 소개해 드리지 못한 더욱더 편리하고, 더욱더 빠르고, 더욱더 완성도 높은 바느질을 위한 다양한 기능들이 있습니다.

제도를 그린 후 소매둘레의 곡선을 재기 어려워요!

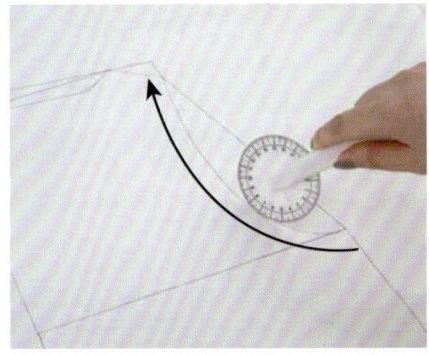

룰렛자를 굴리는 것만으로 일반자보다 간단하고 정확하게 재는 것이 가능합니다.

이것을 사용하자!

룰렛자
회전식 자로 곡선을 간단하게 잴 수 있습니다.

시접을 그리지 않고 봉합하고 싶어요!

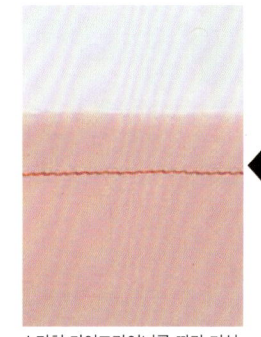

스티치 가이드라이너

스티치 가이드라이너를 따라 미싱으로 봉합하면 일정한 시접폭으로 봉합할 수 있습니다.

노루발 옆에 세팅하여 스티치 가이드라이너를 시접폭으로 조절합니다.

이것을 사용하자!

스티치 가이드라이너(가정용)
0~2cm까지 마음대로 스티치할 수 있습니다.

이것을 사용하자!!
소잉 아이템

본 상품은 패션스타트, 심플소잉 및 퀼트스타에서 구매할 수 있습니다.
패션스타트 www.fashionstart.net
심플소잉 www.simplesewing.co.kr
퀼트스타 www.quiltstar.co.kr

다리미에 때가 묻어버렸어요……

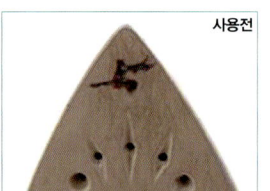
사용전

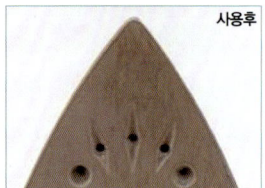
사용후

이것을 사용하자!

다리미때 제거제
다리미에 달라붙고 눌어붙은 것을 없애주어, 부드럽게 다림질할 수 있게 도와줍니다.

아래에 필요없는 종이 등을 깐다

중온의 다리미에 문지르면 양초처럼 녹으면서 때를 없애줍니다.

얇은 원단이 예쁘게 봉합되지 않아요.

✗ 시폰이나 조젯 등의 얇은 원단은 일반봉제로 봉합하면 바늘땀이 건너뛰거나 치켜 올라가기도 합니다.

이것을 사용하자!

원터치 얇은원단 노루발 (가정용)
실크나 조젯 등을 봉합 시 흐트러짐이나 바늘치는 것을 효과적으로 방지합니다.

가정용 미싱바늘(9호)
얇은 원단을 봉합할 때는 가는 바늘을 고릅니다.

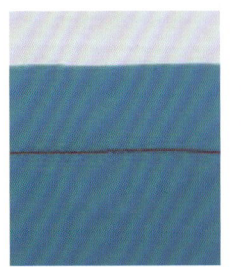  

안 / 걸
얇은원단의 우글거림을 잡아주는 막대
바늘이 떨어지는 구멍과 안에 있는 홈이 포인트.
작은 구멍

노루발과 바늘의 조합으로 깔끔하고 예쁘게 봉합되었습니다.

콘실지퍼를 예쁘게 달기가 너무 어려워요!

이것을 사용하자!

가정용 외발 노루발
지퍼나 파이핑 등의 봉제시 필요한 부분만 잡아 주어 봉제가 편리하도록 도와줍니다.

원터치 투명 콘실지퍼 노루발(가정용)
둥근 콘실지퍼의 이빨을 자동적으로 맞춰 가면서 봉합해 나갑니다.

워셔블 매직테이프 (5/8mm폭)
수용성 접착 양면테이프로써 지퍼에 시침질을 하는 대신 사용합니다

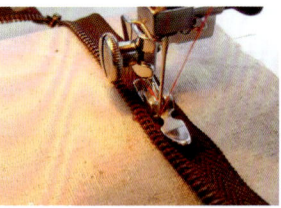

외발 노루발을 사용해 콘실지퍼의 바탕천과 시접의 끝을 봉합합니다.

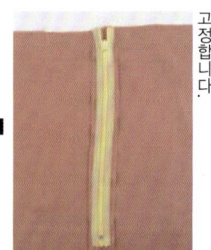

콘실지퍼를 달 솔기의 중심에 맞추고, 콘실지퍼를 시침질로 임시고정합니다.

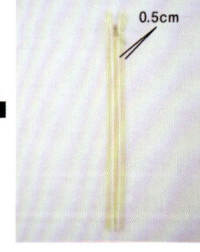

0.5cm

콘실지퍼의 안쪽 면에 워셔블 매직테이프를 붙입니다.

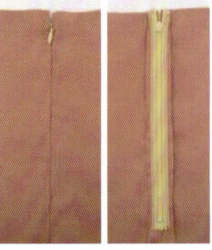 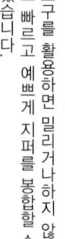

가장자리를 봉합할 수 있습니다.
이 홈이 포인트

콘실지퍼전용 노루발로 이빨부분을 봉합합니다.

도구를 활용하면 밀리거나 하지 않고 빠르고 예쁘게 지퍼를 봉합할 수 있습니다.

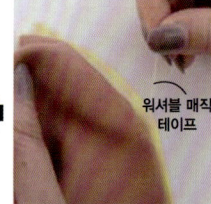

워셔블 매직 테이프

중심의 임시고정한 미싱땀을 뜯고, 워셔블 매직테이프를 제거합니다.

소매산의 다림질이 잘 되지 않아요!

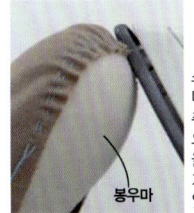 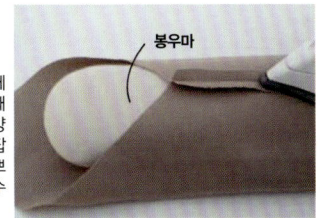

소매산의 시접에 다림질을 할 때 추천! 둥근 모양으로 주름을 잡을 때 쉽고 예쁘게 다림질할 수 있습니다.

소매 아래선의 시접도 쓸 데 없는 곳에 다림질을 하는 일이 없이 척척 가름솔이 가능합니다.

이것을 사용하자!

봉우마
자연스럽고 부드러운 곡선으로 라인을 따라 다림질하기 편리합니다. 좁은 쪽은 아동복, 큰 쪽은 성인복 작업할 때 사용합니다. 겉 원단이 오염됐을 경우 다른 원단으로 싸서 계속 사용할 수 있습니다.

벨벳을 봉합하면 틀어짐이...

원단에 털이 있기 때문에 봉합하기 힘든 벨벳과 벨루어. 똑바로 봉합하려고 해도 틀어짐이 생겨 버립니다.

이것을 사용하자!

벨벳 노루발 (가정용)
봉합하기 어려운 벨벳을 아름답게 봉합합니다. 두꺼운 원단인 니트 등 신축 원단과 함께 봉합하기에도 추천.

노루발 덕분에 시침질을 하지 않아도 틀어지지 않게 봉합할 수 있습니다.

노루발을 원단 사이에 끼워가면서 봉합해 나갑니다.

이렇게 보는 것만으로는 어떻게 사용하는지 알 수 없지만...

리본 끝은 어떻게 마무리하면 좋을까?

그대로 두면 리본 (특히 얇은 것)의 끝은 점점 풀려버립니다.

이것을 사용하자!

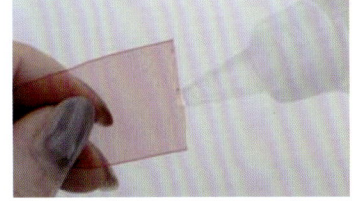 

재단 끝에 가볍게 칠하는 것만으로 간단하게 처리가 가능합니다. 쉽게 마무리가 되는 것도 매력적입니다.

올풀림 방지액
울이나 화학섬유의 올 풀림 방지에 최적. 시접의 마무리에도 사용할 수 있습니다.

곤란할 때는
처음 사용하는

「어째서 잘 되지 않는거야!」 「어떻게 하면 좋을까?」 그런 당신의 소원이 이루어집니다! 편리한 아이템을 잘 사용하는 것만으로 소잉의 레벨이 한층 UP됩니다.

담당: 松井麻美　촬영: 藤田律子　페이지 디자인: 大井健太郎 [tabloid]

좀더 간단하게 셔링을 잡을 수 있다면......

이것을 사용하자!

주름 테이프 (1/3.5/5cm폭)
귀찮은 셔링도 이 테이프가 있으면 간단! 원단에 봉합해 다는 것만으로 예쁘게 완성됩니다. 주름 양도 마음대로 조절 가능.

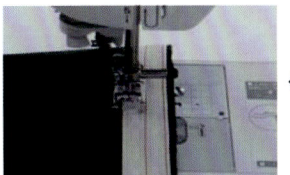

가이드라인

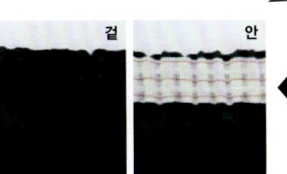

셔링잡고 싶은 부분에 주름테이프를 겹치고, 가이드라인을 따라 3줄을 봉합합니다.

굵은 고무줄에 가는 고무줄이 통과한 듯한 구조입니다. 가는선은 봉합할 때의 기준이 되는 가이드라인입니다.

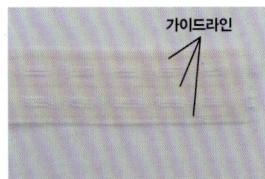 

겉 / 안

고무줄을 당겨가면서 봉합할 필요가 없기 때문에 빨리 완성할 수 있습니다.

가는 고무줄을 당겨 원하는 분량으로 주름을 조절합니다.

합성 가죽이 잘 봉합되지 않아요!

미끄럼이 좋지 않은 것이 많은 합성가죽은 밑단 마무리 등을 할 때 주름이 생기는 일도 있습니다.

이것을 사용하자!

실리콘 펜
바늘·지퍼·라미네이트 원단 등 봉제시 바늘의 표면마찰을 줄여주어 봉제가 편리합니다. 펜타입이기 때문에 간단하게 사용할 수 있습니다.

워셔블 매직테이프 (5/8mm폭)
수용성 접착 양면테이프로써 합성 가죽 등 바늘구멍이 나기 쉬운 원단에 시침핀 대신 사용합니다.

가정용 레자 (테프론) 노루발
니트·합성가죽·가죽 등의 미끄럼이 좋지 않은 소재가 부드럽게 봉합됩니다.

  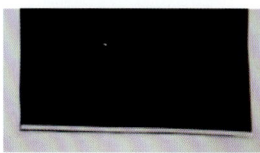

미싱 바늘에 실리콘 펜을 칠합니다.

워셔블 매직테이프의 다른 한쪽을 벗겨내어 시접을 접어 고정합니다.

고정하고 싶은 부분의 시접에 워셔블 매직 테이프를 붙입니다.

도구를 사용하여 미끄럼을 좋게 하는 것으로 주름지는 일 없이 봉합하기가 가능합니다.

테프론 노루발로 바꿔 미싱으로 봉합합니다.

합성 가죽에도 실리콘 펜을 칠합니다. 미싱에 올릴 때 아래쪽이 되는 쪽에 칠합시다. (합성 가죽에 실리콘이 스며들지 않았는지 반드시 확인해 주세요.)

Simple Sewing

Natural Sewing Life — 심플소잉NCC

내추럴 리넨의 자연스러움과 심플함을 NCC미싱으로 표현해 보세요.
누구나 쉽고 간단하게 바느질이 가능한... 심플소잉NCC샵
바늘에 실을 못 끼워도, 기초에서부터 응용까지 체계적인 교육을 통하여 누구나 쉽게 작품을 만드실 수 있습니다~!
원단, 부자재, NCC미싱...? 직접 보고, 직접 테스트해 보고, 직접 구매하세요~! 전국에 심플소잉NCC샵이 있어요~!
혼자하는 바느질보다는 공감과 나눔이 있는 함께하는 바느질을 하세요~!
삶을 더욱 즐겁고 윤택하게~! 전문 교육을 이수한 강사님들의 전문 강의~! 언제 어디서라도~ 심플소잉NCC와 함께 하세요~!

서울 강남교보점 02-573-5134 잠실점 02-6053-7700 **인천** 논현점 070-4151-7732 삼산점 070-7641-0305 송도점 070-7559-1357
경기 남양주 호평점 031-595-7478 부천 중동점 032-613-4262 분당 정자점 031-711-0015 안양 평촌점 070-8683-8053
   용인 동백점 070-8820-8922 용인 죽전점 031-889-8166 화성 동탄점 070-4190-3830
강원 원주 중앙점 033-742-9884 **충북** 청주 가경점 043-232-0306 **대전** 탄방점 042-487-8265 **충남** 천안 두정점 070-4078-9135
광주 상무점 062-381-0991 충장점 062-225-5662 풍암점 062-653-2335 **전남** 순천 장천점 061-900-9965 여수 여서점 070-4228-0015
대구 시지점 070-4406-8220 **경북** 경주 노서점 010-7709-6349 안동 북문점 054-852-5662 포항 북부점 054-615-4004
울산 남구점 052-271-1188 **부산** 화명점 051-365-1591 **경남** 창원 상남점 055-263-5662 **제주** 서귀포점 064-733-5151

상담 및 문의 본사 1644-5662 / www.ncckorea.co.kr

스트레치성이 우수한 소재로 만드는
봄의 아이템

스트레치성이 우수한 소재는 사계절 모두 인기 있는 소재입니다. 특히 적당한 두께감의 봉제하기 편한 스트레치 소재라면 스판 팬츠나 타이트한 아이템 등을 만들기에 더할 나위 없이 좋은 소재입니다. 이런 소재들로 만들면 좋을 아이템을 소개합니다.

담당 : 有井里枝　宮路睦子　松井麻美　／　촬영 : 腰塚良彦　／　헤어&메이크업 : 今井貴子
모델 : 木野園子　真間玲奈　／　스타일리스트 : 松田えり　／　페이지 디자인 : 西岡裕子 [tabloid]

▸ DOT PRINT

76
How to make
▸ p.103

▸ FLOWER PRINT

77
How to make
▸ p.88

FEMALE 54

전문가와 함께하는 대한민국 대표 패션 DIY 쇼핑몰
패션스타트!

**나의 작품으로 키워가는 소중한 내 가족의 사랑과 행복!
[고객 행복파트너]를 지향하는 패션스타트가 고객님의 곁에서 언제나 함께합니다.**

패션스타트는 원단, 부재료, 패턴, 서적, 그리고 미싱(재봉틀) 등 10,000여종의 다양한 퀄리티 높은 상품과
수준 높은 서비스로 소잉을 처음 시작하는 초보자부터 고급 수준의 고객님까지 DIY를 사랑하는 모든 분들과 함께합니다.

니트 원단을 봉합할 때 오버록 미싱을 사용하면
훨씬 빠르고 예쁘게 완성할 수 있습니다. 물론 코튼과 실크도
봉합할 수 있기 때문에, 니트 원단과 함께 봉합해도 OK!
오버록 미싱의 특징을 살려 유행하고 있는 다른 소재와 mix한
트레이닝복을 간단하게 만들 수 있습니다.

담당 : 有井里枝　宮路睦子　／　촬영 : 腰塚良彦　／　헤어&메이크업 : 今井貴子
모델 : 木野園子　／　페이지 디자인 : 大井健太郎[tabloid]

78
How to make
p.60

오버록 미싱으로 「시스루 소매의 트레이닝복」
스피드 소잉

원단 선택 시 참고!! 니트 소재 도감

신축성이 있는 니트원단을 봉합하는데 적합한 오버록 미싱. 오버록 미싱을 사용하여 다양한 아이템을 만들어 보자! 이 페이지에서는 니트 원단의 특징과 추천 아이템을 소개합니다. 꼭 참고하여 확인해 주세요.

knit guide 2013

더블 다이마루
겉과 안 모두 메리야스뜨기로 보이고, 평평하고 매끈매끈한 소재. 원단이 둥글게 말리지 않아 봉제하기 편합니다. T셔츠나 탱크톱 만들기에 적합.

시보리
아동용 다이마루로도 불리고, 세탁해도 변형이 거의 없는 소재. cut & sew나 카디건 만들기에 적합.

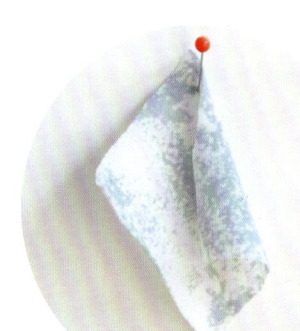

T/C 다이마루
코튼·폴리에스테르를 혼방한 두께감이 있는 부드러운 소재. 코튼 100%보다 잘 마르는 것이 특징. cut & sew에 적합.

도비 다이마루
안겉의 원단을 2장 맞춰 떨어지지 않도록 부분적으로 실로 고정하여 1장으로 만든 원단. 폭신폭신함과 가벼움이 있고 피부에 닿는 촉감이 뛰어납니다. cut & sew나 홈웨어 만들기에 적합.

보카시 다이마루
원단에 보풀 덩어리 같은 알맹이가 붙어 있는 소재. cut & sew 만들기에 적합.

텐셀 다이마루
텐셀 100%의 얇은 니트 소재. 얇고 부드러운 착용감으로 고급스러운 분위기. cut & sew 만들기에 적합.

싱글 다이마루
니트원단의 가장 대표적인 뜨개원단. 겉은 메리야스뜨기, 안은 안뜨기와 겉뜨기로 되어 있어 원단이 둥글게 잘 말립니다. 가로방향의 신축성이 뛰어나 T셔츠나 이너 만들기에 적합.

데님 쮸리
겉보기엔 데님 같지만 니트만이 가진 소프트한 촉감과 신축성이 있는 소재. 레깅스 등을 만들기에 적합.

쮸리
겉은 평뜨기, 안은 굵은 실을 루프상태로 넣어 파일뜨기한 것. 두꺼운 원단으로 흡수성에 뛰어나고 보온성이 높습니다. 트레이닝복이나 집업점퍼 만들기에 적합.

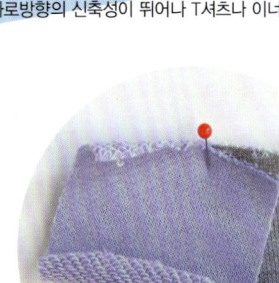

미니 쮸리
파일뜨기한 얇은 두께감의 소재. 모든 시즌에 입을 수 있기 때문에 cut & sew나 홈웨어 만들기에 적합.

★ 더 많은 니트 소재는 패션스타트에서 확인하세요.
www.fashionstart.net

봉합방법

1 어깨선을 봉합한다

※시침핀이 칼날에 닿으면 칼날과 노루발을 파손시키기 때문에 시접 고정용 집게를 사용합시다!

※실꼬리…봉합의 시작과 끝에 나오는 오버록 미싱의 실이 얽힌 끈상태.

1. 몸판을 겉끼리 맞대어 시접 고정용 집게로 고정한다.
2. 시접을 3mm 잘라내면서 봉합한다.

2 소매를 단다

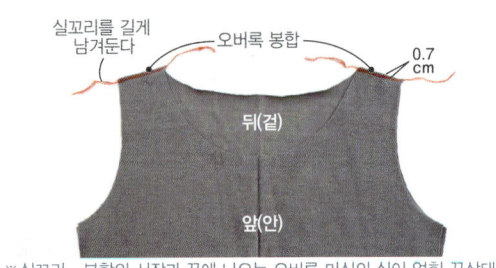
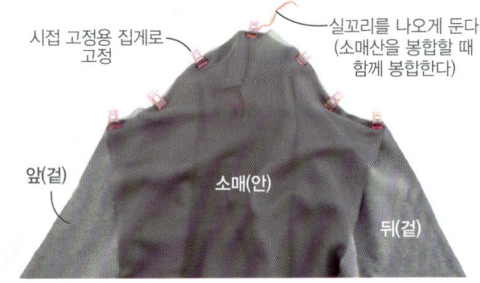

1. 맞춤점을 맞추고, 시접 고정용 집게로 고정한다.
2. 소매를 위로 하고, 소매산을 봉합한다.

3 소매아래선과 옆선을 이어서 봉합한다

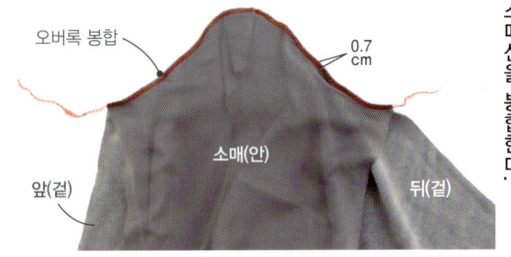

몸판을 겉끼리 맞추고 화살표 방향으로 봉합한다. 시접을 3mm 잘라내면서 봉합한다.

4 옷깃둘레를 만든다

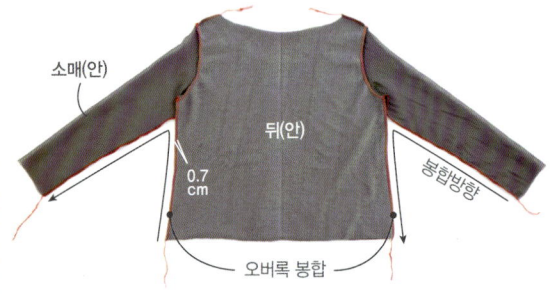

1. 옷깃둘레를 반으로 접고 봉합한다.

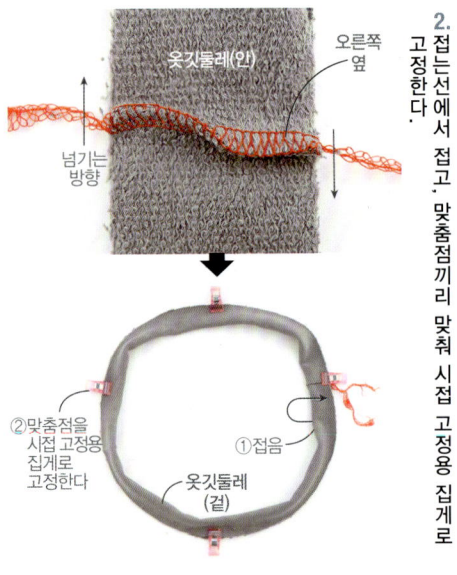

2. 접는 선에서 접고, 맞춤점끼리 맞춰 시접 고정용 집게로 고정한다.

5 옷깃둘레를 단다

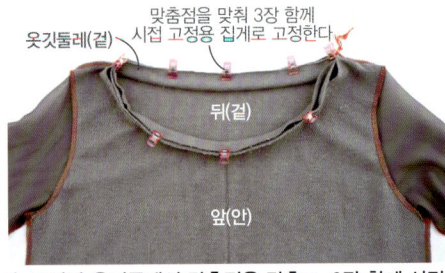

1. 몸판과 옷깃둘레의 맞춤점을 맞추고, 3장 함께 시접 고정용 집게로 고정한다.

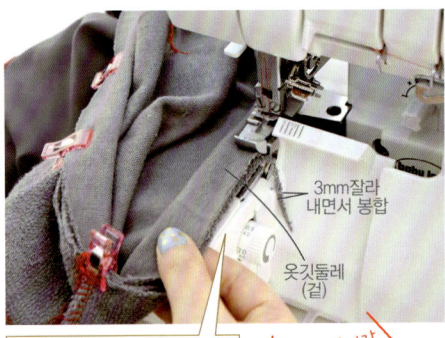
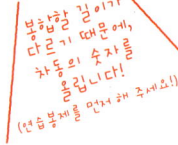
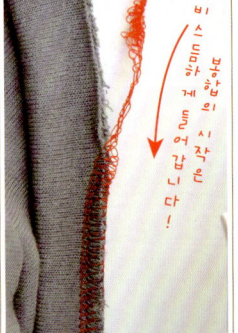

2. 옷깃둘레천을 위로하고, 옷깃둘레를 봉합한다.

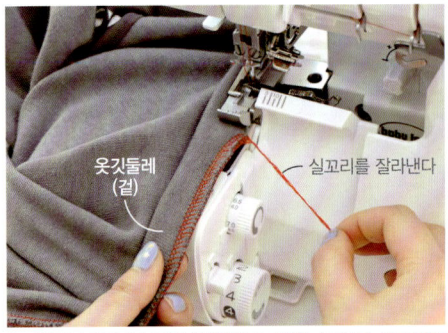

3. 옷깃둘레를 한 바퀴 봉합하면, 봉합 시작의 실꼬리를 자른다.

HOW TO MAKE

58페이지 78

시스루 소매의 트레이닝복

실물크기 패턴 B면 41~47

재료

◀ 겉감(코튼저지)
110cm폭
S 1m60cm
M 1m60cm
L 1m70cm
LL 1m70cm

◀ 배색천(폴리에스테르 오간자)
110cm폭
S 60cm
M 70cm
L 70cm
LL 70cm

◀ 오버록 미싱실
(라라실)

재단배치도
※전부 1cm의 시접을 줍니다.

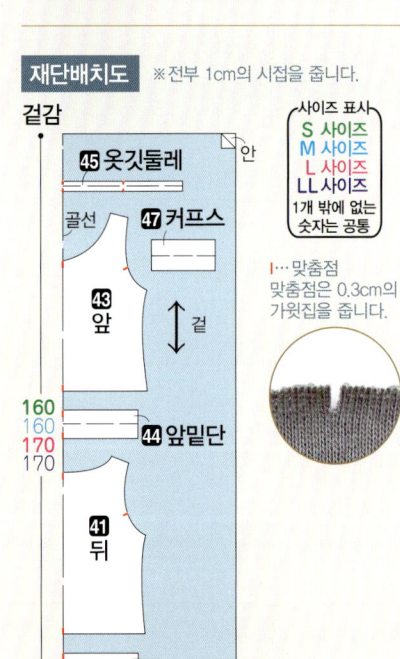

사이즈 표사
S 사이즈
M 사이즈
L 사이즈
LL 사이즈

1개 밖에 없는 숫자는 공통

I…맞춤점
맞춤점은 0.3cm의 가윗집을 줍니다.

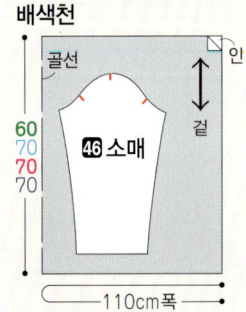

4. 칼날이 움직이지 않도록 잠그고, 3cm겹쳐서 봉합한다.

5. 노루발 끝을 올리고, 원단을 왼쪽으로 젖힌다.

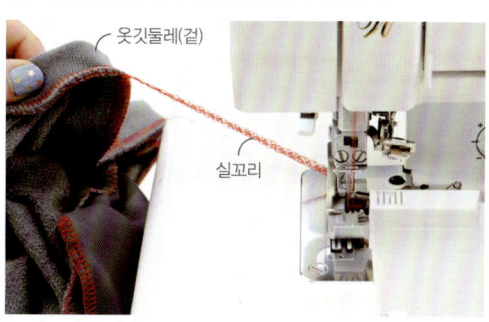

6. 실꼬리를 길게 남긴다.

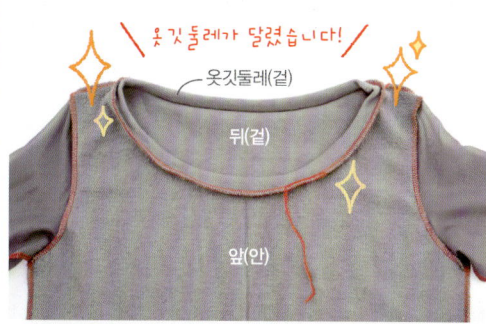

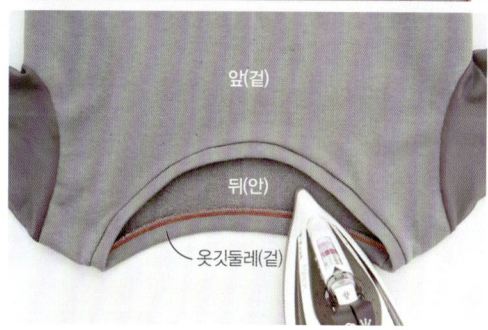

7. 시접을 몸판쪽으로 넘긴다.

❻ 밑단천을 만들어 단다.

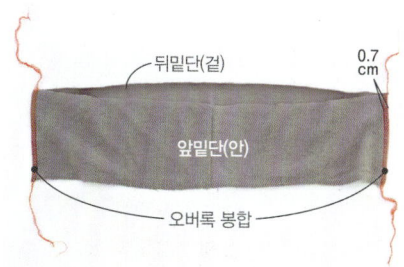

1. 뒤 밑단천과 앞밑단천을 겉끼리 맞대고, 옆선을 봉합한다.

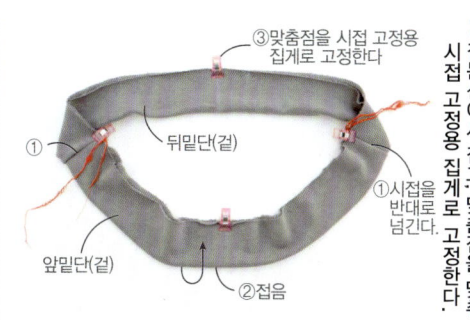

2. 접는선에서 접고, 맞춤점을 맞춰 시접 고정용 집게로 고정한다. ①시접을 반대로 넘긴다. ③맞춤점을 시접 고정용 집게로 고정한다.

3. 몸판과 밑단천의 맞춤점을 맞추고, 3장 함께 시접 고정용 집게로 고정한다.

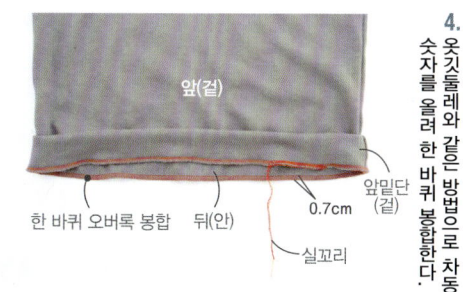

4. 옷깃둘레와 같은 방법으로 차동의 숫자를 올려 한 바퀴 봉합한다.

❼ 커프스를 만들어 단다

1. 커프스를 만든다.

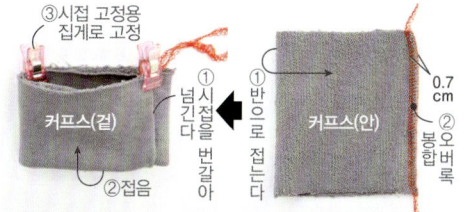

2. 몸판과 커프스를 겉끼리 맞추고, 3장 함께 시접 고정용 집게로 고정한다.

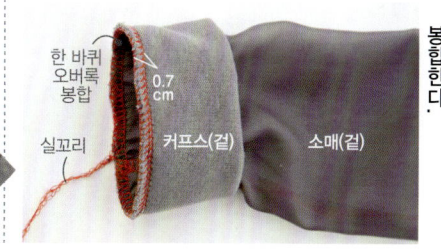

3. 옷깃둘레와 같은 방법으로 차동의 숫자를 올려 한 바퀴 봉합한다.

❽ 실꼬리를 마무리한다

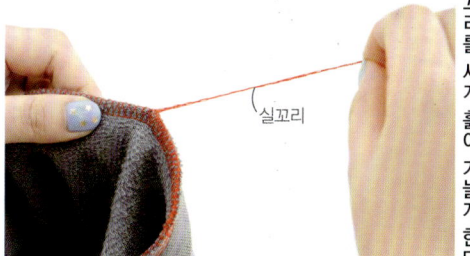

1. 실꼬리를 세게 훑어 가늘게 한다.

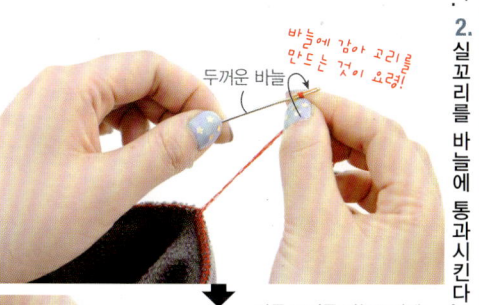

2. 실꼬리를 바늘에 통과시킨다.

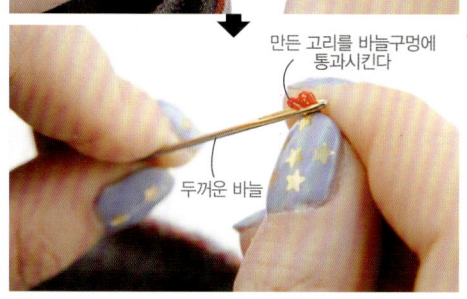

3. 안쪽의 솔기에 실꼬리를 통과시킨다.

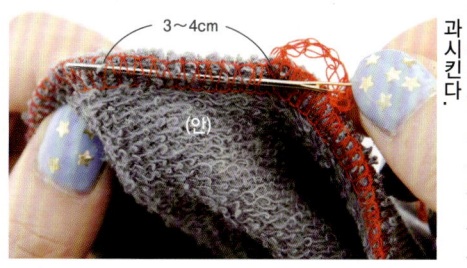

4. 남은 실을 자른다.

❾ 완성

앞 / 뒤

네버랜드

디자이너의 옷

79
스커트
pattern ▶ p.107

세일러 칼라와 리본 넥타이… 얼핏 보면 귀여운 양복이지만, 아트 디렉터로부터 만들어진 독특한 세계관의 의상. 어떻게 만들어지는 걸까요? 다이토 디자이너스 빌리지를 방문하여 창작 과정에 대해 이야기를 들었습니다. 특별히 피메일 독자들을 위해 디자인한 스커트와 셔츠 패턴도 기대해 주세요.

담당∷有井里枝　松井麻美／촬영∷腰塚良彦(P62-63)／헤어&메이크업∷今井貴子／모델∷木野園子　真間玲奈／페이지 디자인∷矢井健太郎[tabloid]

FEMALE 62

귀여운 건 정말 싫어!
입혀져 왔던 것과의 화해

네버랜드

여자아이가 태어났을 때부터 이 사회로부터 강요당하는 사랑스러움, 여자아이스러움이라고 하는 '속박'에 대한 저항정신이 브랜드의 밑바탕에 깔려 있습니다. 관례의 상징인 「제복」을 모티브로 연령, 성별, 국적마저 뛰어넘는 보편적이고 자유로운 사랑스러움, 아름다움을 가진 스타일을 표현하였습니다.

—— 브랜드명의 의미는 무엇입니까?

Eily 「있을 수 없는 나라」, 「갈 수 없는 나라」, 「아무도 가려고 생각하지 않는 나라」 같은 의미가 있기 때문에, '그런 곳에 갈 수 있으면 좋겠다'라고 생각하여 붙인 이름입니다.

—— 브랜드의 컨셉은 무엇입니까?

Eily 제복을 모티브로 하고 있습니다. 우리들도 그랬지만, 제복이나 발표회에서 입는 양복 등은 왠지 어렸을 때 누군가로부터의 지시로 입었을 때는 그다지 기분 좋게 입을 수 없었던 옷이었는데, 나중에 커서 사진을 보았더니 '굉장히 멋졌구나'하는 생각이 많이 들었습니다. '그 옷을 어른이 즐겁게 입을 수 있게 된다면 좋을텐데..'라는 생각으로 컨셉을 잡고 제복 모티브 의상이라던지 발표회의 양복 같은 옷과 소품을 만들고 있습니다.

—— 「다이토 디자이너스 빌리지」에 입주한 계기는?

Eily 처음에는 둘이서 아틀리에 겸 집으로 단독주택을 얻어 일을 시작하였습니다. 하지만 집안일과 일을 정확히 나눌 수 없는 것이 상당히 힘들었습니다. 아침에 일어나서 몇 시부터가 일인지 모른다고 할까요? 그런 애매한 기분이 들었습니다. 세탁물을 말리며 작업을 하면서도 '지금 무엇을 하고 있지?'하는 생각도 들었습니다. 그리고 일을 하고 있다가도 집안일이 갑자기 생기기도 했습니다.

Jammy 그때는 아르바이트를 하고 있었는데, 일하는 도중에도 '아르바이트하러 가야되는데…'하는 압박감이 들기도 하였습니다. 그러면서 '내가 무엇을 우선으로 하고 있지?'라는 생각이 들면서 이대로는 아무것도 안되겠다는 생각이 들었습니다. 그때 우연히 부모님에게 「다이토 디자이너스 빌리지」에 대해 듣게 되었고, 설명회에도 참석하고 입주를 신청하였습니다. 하지만 입주 심사에 떨어졌고, 그것을 계기로 '지금이 아니면 어느 누구에게도 내 진심일지라도 전해지지 않는다'는 생각이 들어 노력하기 시작했고, 그 다음해에 합격하여 입주하게 되었습니다.

—— 역할 분담이 확실히 되어 있는 것 같은데요. 디자인부터 제작은 어떻게 이루어지나요?

Jammy 대부분 서로 단독으로 결정하여 진행하는 것을 존중하고 있습니다. 조금 위험하다면 위험할 수도 있지만 함께 논의하여 협의점을 정하는 것을 되도록 피하고 있습니다. 논의하여 결정하기 보다는, 뭔가 이상한 것이 있으면 살짝 '엥?'이라고 해주는 정도입니다. 재미있는 작품이 만들어질까하며 작품을 만들기에 앞서 책임감을 느끼며 작품을 만들고 있습니다.

Eily 디자인과 그래픽 작업에서도, '뭔가 부족한 것 같지 않아?' 정도의 이야기는 하지만, '너무 지나치지 않아?'와 같은 말은 하지 않게 조심하고 있습니다. '조금 더 해봐!' 하는 분위기가 되도록 서로 노력하고 있습니다.

—— Eily씨와 Jammy씨는 같은 대학을 다닌 걸로 알고 있습니다. 두 분은 어떤 학생이었습니까? 재미있는 에피소드가 있으시면 말해주세요.

Eily 학생이며 아마추어였지만, 겨울에 입는 코트를 굉장히 열심히 만들어 축제 때 판매를 위해 마네킹에 걸어 놓았었습니다. 지나가는 선배들이 밑단 등을 들춰 보며 코웃음을 치고 지나가는데 속으로 매우 화가났습니다. 그 날 그 코트는 팔았지만 다음날도 화가 풀리지 않았습니다. 그때 마음속으로 생각했습니다. 다른 사람에게 무시를 당하거나, '촌스러워', '조금 서툴어' 같은 말을 듣더라도 내가 무엇인가를 좋아하면 계속 해야 한다고, 그 때문에 그만두어 버리면 끝이라고 말이죠.(웃음)

Jammy 저는 유화를 전공했습니다. 하지만 유화 전공은 많은 사람들에게 작품을 보여주고 칭찬을 받고 싶어서 선택하게 된 것 같아요. 지금 생각해 보면 중·고등학교때는 뭔가를 만들고 싶어 만들었던 것이, 대학에 들어가고 나서는 사람들에게서 '멋지다' '좋다'라는 말을 들을 수 있는 것을 만들려고 했던 것 같습니다. '이런 것이 유행하고 있어!', '이런 게 지금 가장 인기있어!'라고 생각하며 작품을 만들었습니다. 내가 정말로 무엇을 표현하고 싶어하는지 전혀 몰랐기 때문에 처음 네버랜드의 옷을 보았을 때 굉장히 이상하게 느껴졌었습니다. 뭐랄까, 그때의 나와 비교해 사람들에게 '멋지다' 라는 말을 듣는 것을 노리지 않았다고 할까요. 하지만 처음 볼 때부터 그 옷들은 정말 멋졌었습니다. 많은 사람들이 있는 곳에서도 Eily가 입고 있는 옷만 달라보이고 눈에 들어왔습니다. 그녀는 자신감이 있고, 참 멋진 사람이라고 느꼈습니다. 그렇게 알게 되어 대학교 때부터 그녀와 함께 일을 하기 시작하게 되었고, '뭔가 조금 부족해 보이는데' 같은 이야기도 들으면서, 내 작품을 칭찬해 주는 사람도 있지만 동시에 냉정하게 비평해 주는 사람도 있다는 것을 처음으로 경험해 보았습니다. 용기가 필요한 대단한 일이라는 생각이 들었습니다.

—— 앞으로의 네버랜드에 대해 알려주세요?

Eily 카디건을 꼭 만들고 싶습니다. 그리고 스트랩 슈즈도요!

Jammy 지금까지 네버랜드는 유니섹스 아이템들이 많이 있었습니다. 용기있는 남성분들이 많이 입어주고 계시지만, 남성복 라인이 따로 있는 쪽이 좋다고 생각하기에 앞으로 늘려나갈 계획입니다.

Eily   Jammy   雪

NEVERLAND

타마미술대학에 함께 재학중이던 2006년에 결성. 의상디자인·제작을 하는 Eily와 사진과 영상을 디렉션하는 Jammy의 2인조로 시작. Eily는 졸업 후 문화복장학원에 진학, Jammy는 아트디렉터 타우지 토모코씨에게 사사. 처음엔 현대미술 작가로 시작. 작품을 위해 의상과 등장인물을 설정하고, 직접 등장인물에게 분장하는 방법으로 퍼포먼스 작품이나 사진·영상작품을 제작. 4년동안 꾸준한 발표를 이어오다 2010년에는 사진 연작 「Picnic」 「KUDAME」 「HAMMOTH KINGDOM」 등으로 현대미술의 세계 콤페티션 「Chelsea International Fine Art Competition」에서 대상에 해당하는 셀렉션 상을 수상. 또 같은 해에 시부야 니시부 백화점과 Article사가 주최하는 「Kawaii상」을 수상하는 등 열정적인 활동을 계속하고 있다. 2013년부터 雪이 함께하고 있다.

MAIL: neverland@eilykjammy.com

http://neverland-eilykjammy.com/

Design Grandprix

FEMALE 겨울호 투표 결과

디자인 그랑프리
테마 ▶ 「봄의 블라우스」

이번 FEMALE 디자인 그랑프리의 테마는 『봄의 블라우스』 였습니다. 트렌드를 고려한 디자인, 봄을 느낄 수 있는 디자인에 표가 몰렸습니다! 패턴과 함께 자세한 만드는 방법도 함께 수록했습니다. 패턴부터 직접 떠보며 만들어 보세요.

담당 : 有井里枝　宮路睦子　松井麻美　／　촬영 : 腰塚良彦
헤어&메이크업 : 今井貴子　　페이지 디자인 : 大井健太郎　西岡裕子 [tabloid]
작품제작・모델 협력 : ドレスメーカー学院

85
How to make
▶ p.110

1위

FEMALE CONTEST

제 7회 피메일 D.I.Y 콘테스트

국내 최초 여성복 만들기 핸드메이드 잡지 FEMALE과 심플소잉NCC 카페가 함께한 제7회 FEMALE 따라하기 콘테스트에 참여해 주신 많은 독자 여러분들께 감사드립니다. 꼼꼼하고 정성스러운 리뷰와 함께 독창적이고 개성 넘치는 작품들로 영광을 안은 수상자들을 소개합니다.

촬영 : 소잉스토리　페이지 디자인·담당 : 정미정

리뷰왕

50,000원

FEMALE 9권 6페이지 12번 작품 응용

 조혜련(타조)님
서울특별시 영등포구

난이도가 무척 높은 바이컬러(bicolor) 후드 코트를 깔끔하게 제작해 주셨습니다. 짙은 네이비 컬러와 브라운 계열의 헤링본 원단을 함께 믹스해서 제작하니 심플하면서도 세련된 후드 코트가 완성되었습니다. 칼라와 후드, 지퍼와 여밈까지 단 한 치의 오차도 없는 높은 퀄리티의 작품을 만들어 주셔서 영광의 대상을 드립니다! 너무너무 탐이 나는 작품 만들어 주셔서 감사합니다. 대상 수상을 다시 한 번 축하드립니다!!

솜씨상

 김수경(하늘소망)님
대전광역시 동구

패턴을 직접 제도해서 셔츠 원피스를 만들어 주셨습니다! 주머니를 없애고 차분한 색의 체크 원단으로 제작하니 피메일에 실린 작품과는 또 다른 느낌이 나네요. 봄부터 가을까지 두고두고 입을 수 있을 것 같은 실용적인 셔츠 원피스가 완성됐습니다. 체크 원단의 무늬도 깔끔하게 맞추고, 세세한 부분도 놓치지 않고 작업해 주셔서 솜씨상을 드립니다!

FEMALE 9권 62페이지 62번 작품 응용

으뜸상

 이은영(수수맘)님
대구광역시 동구

무려 두 개의 작품을 제작해 주신 이은영님께 으뜸상을 드립니다! 반팔 소매의 풀오버를 긴팔 소매로 멋지게 수정하시고 멋스러운 애니멀 프린트의 주머니까지 달아 주셨습니다! 네크라인에 달려 있는 앙증맞은 화이트 레이스로 포인트를 주어 소녀스러움이 느껴집니다! 블랙 앤 화이트로 컬러를 맞추어 만든 큐롯팬츠까지 함께 코디해서 입으면 정말 멋질 것 같습니다!

FEMALE 9권 12페이지 18번·29페이지 43번 작품 응용

ACADEMY 강사모집

옷만드는 기술을 가지고 있는 사람은 많지 않습니다. 혹시 자신의 소잉실력을 가족들에게만 보여주고 있지 않나요?
이젠 주변의 사람들에게 소잉을 전파해 보세요.

운영중인 FSA 교육장

FSA가 특별한 이유

- 트렌드 및 인기 아이템에 맞춘 실용적 교육 지향
- 소자본으로 교육장 오픈 가능
- 소규모 공방, 가정에서 교육 가능
- 고품질의 패키지 구성품
- 본사와의 친밀한 관계
- 연령 제한 없음

FSA 강사만을 위한 본사 지원 사항

- 미싱 및 봉제교육
- 교육 강의 커리큘럼 제공
- 교육 패키지 지원
- 다양한 홍보를 통한 교육생 모집 지원
- 교육장 운영을 위한 교육
- 미싱, 원단, 부자재 등 할인 지원

소잉 실력이 출중하지 않아도 좋습니다. 옷만들기에 관심이 많고 여러 사람들과 함께 소잉을
즐겁게 하고자 하시는 분은 부담 없이 신청해주세요^^

상담전화 : 070-7507-8957

· 강사 신청 방법 ·

패션스타트(www.fashionstart.net) 접속 ▶ FSA 페이지로 이동 ▶
강사신청 및 교육 수강 안내 페이지로 이동 ▶ 상담하기 클릭하여 신청하기

체계적이고 실용적인 패션 소잉전문 교육프로그램

FASHION SEWING

FSA는 '주)코하스'와 '패션스타트'가 기획/운영하는 "DIY 의상전문 교육 프로그램"으로, 철저한 본사관리와 함께 다양한 지원을 통하여 교육을 수강하는 수강생 및 강사님들께 타 교육기관과 비교할 수 없는 만족과 자부심을 선사해 드립니다.

다양한 방법의 교육장 홍보

인터넷 사이트, 서적, 키워드, 블로그 등

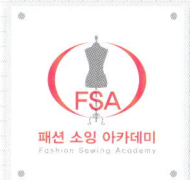

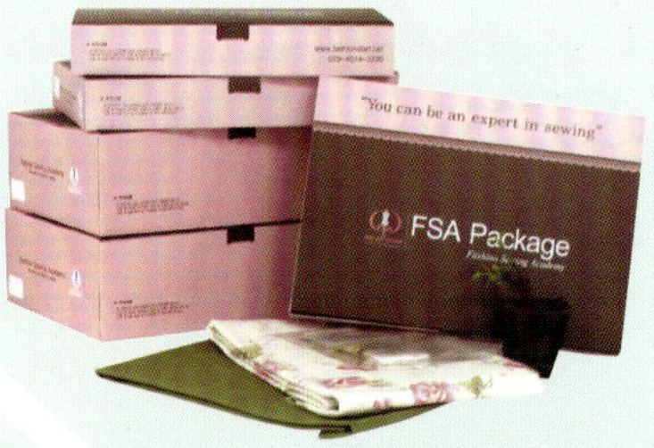

패키지 교육

패턴, 원단, 부자재가 모두 들어있는 패키지로 교육

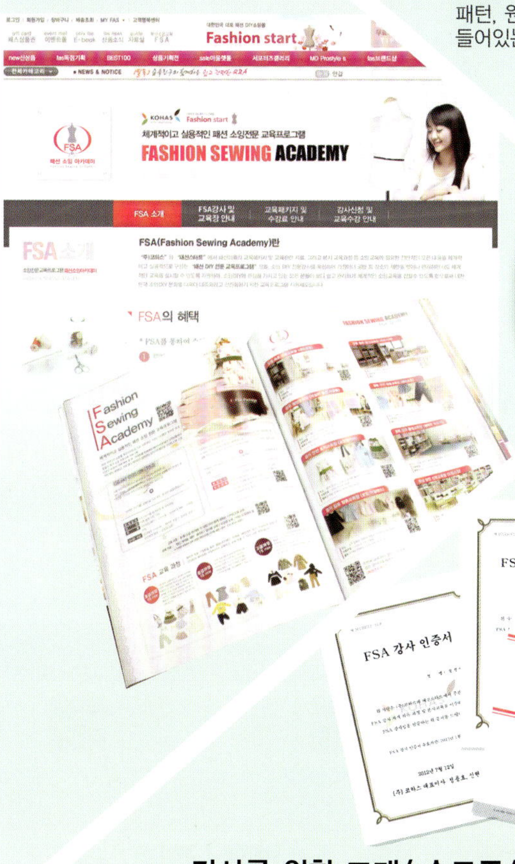

강사를 위한 교재/ 수료증/ 인증서

패션 소잉 아카데미
Fashion Sewing Academy

초급

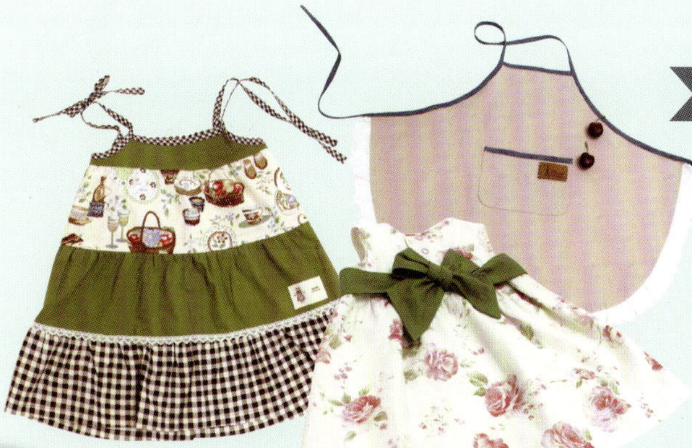

중급

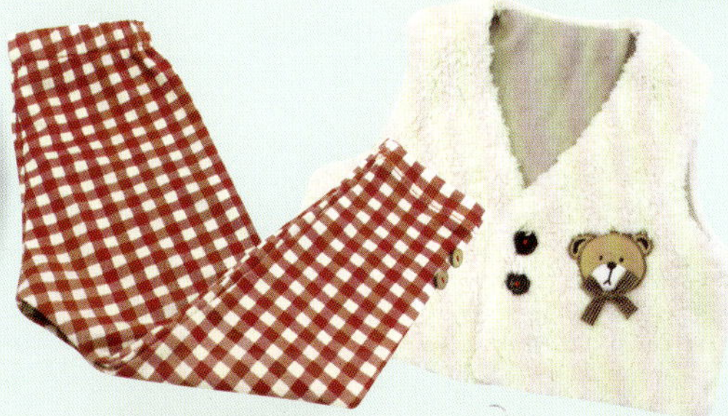

고급

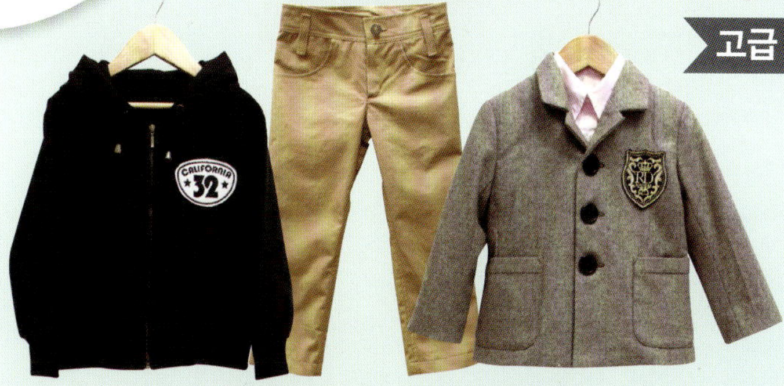

수준에 따른 단계별 교육 커리큘럼

- 취미반 – 초급/ 중급/ 고급/ 마스터 (총 60가지 아이템)
- 강사반

* 교육에 필요한 모든 교육 자료와 교육관련 상품은 본사에서 지원합니다.

• 교육 수강에 대한 궁금한 사항은 교육장으로 문의해주세요 •

- 강원 속초 교동교육장 : 010-4358-5013
- 경기 김포 양촌교육장 : 010-4170-7964
- 경기 안산 초지교육장 : 010-2769-6596
- 경남 김해 장유교육장 : 010-8519-1019
- 경북 경주 황성교육장 : 010-7147-6008
- 경북 구미 원호교육장 : 010-2543-4001
- 광주 첨단 교육장 : 010-3014-6314
- 제주 도두 교육장 : 010-6848-7978
- 충남 당진 신평교육장 : 010-5154-3609

퀼트스타 쇼핑몰

Quilt Star Shopping mall

문의전화. 1644-8755
www.quiltstar.co.kr

MIX & MATCH 배색판 기능

배색판을 이용하여 다양한 색상을 배색해 볼 수 있습니다. 색상 배색이 어렵거나 애매할 때 활용해 보세요.

믹스매치란? 내가 구매하는 원단을 어떻게 예쁘게 배치할까? 퀼트스타에서 그 고민을 해결해드립니다.

Sewing & Color Therapy

원하는 색상을 클릭만 하면 한눈에~ 바느질과 색상을 통해 WELLBEING하라! 컬러가 지닌 색 기능을 통해 더욱 행복한 퀼트 생활을 제안합니다.

퀼트미싱판매	미국, 일본 퀼트원단판매	퀼트부재료판매	퀼트서적판매	퀼트패키지판매

데님의 변신

피메일과 패션전문학교 학생들의 콜라보레이션

담당 : 有井里枝　宮路睦子　松井麻美 ／ 촬영 : 腰塚良彦 ／ 헤어&메이크업 : 今井貴子 ／ 모델 : 木野園子　真間玲奈 ／ 페이지 디자인 : 大井健太郎 [tabloid]

Style no. 86
셔츠
Pattern ▶ p.108

Style no. 85
팬츠
Pattern ▶ p.108

디자이너를 꿈꾸는 학생들과의 콜라보레이션!!

피메일과 패션전문학교 학생들과의 콜라보레이션 전시회가 개최되었습니다. 학생들만의 기발하고, 독특한 생각이 담긴 디자인으로 변신한 데님의 아이템들이 전시회장을 찾은 사람들에게 신선함을 주기에 충분했습니다. 작품들 중에서 스판데님으로 제작된 배기팬츠와 팔을 편안하게 들 수 있도록 고민하여 디자인한 셔츠 2작품을 피메일 독자들에게 소개합니다.

핸드메이드 서적 출판사
소잉스토리 신간 안내

 한국 머신소잉협회 추천

느낌이 좋은 리넨&코튼의
핸드메이드 옷

'느낌이 좋은 리넨&코튼의 핸드메이드 옷'에는 리넨과 코튼 원단으로 만든 가볍고 편한 의상과 소품이 가득 담겨 있어 봄부터 겨울까지 언제나 레이어드를 즐길 수 있는 다양한 스타일을 소개합니다. M·L 사이즈로 그레이딩된 실물크기 패턴을 수록하고 있고, 전 작품을 일러스트 제작설명서로 자세하게 설명하고 있어 초보자라도 차근차근 쉽게 만들 수 있도록 도와줍니다. 특별선물로 리넨과 코튼 원단에 너무 잘 어울리는 이니셜 자수 라벨테이프가 들어있습니다. 사계절의 레이어드 스타일을 즐겨보세요!

총 37작품 수록 / 정가 13,500원

엄마가 만드는 특별한 아이옷
동화 속 키즈 의상

학예회나 무대에 서는 내 아이를 위해 직접 옷과 소품을 만들어 주세요. 동화 속 키즈 의상 서적에는 백설공주, 신데렐라, 엄지공주, 인어공주 등 아름다운 공주 드레스와 멋진 왕자님 옷뿐만 아니라 깜찍한 동물 캐릭터, 할로윈 캐릭터 등 아이들이 좋아하는 캐릭터의 의상 및 소품이 가득 수록되어 있습니다. 아이템은 신장 100/110/120cm로 그레이딩된 실물크기 패턴과 제도가 함께 수록되어 있고, 전 작품을 일러스트 제작설명서로 자세하게 설명하고 있어 초보자도 쉽고 즐겁게 만들 수 있도록 도와줍니다. 내 아이를 동화 속에 나오는 주인공으로 만들어 주세요! 재미있는 추억과 함께 풍부한 상상력이 한껏 자라날 거예요!

총 58작품 수록 / 정가 13,500원

바느질 작가 10인에게 배우는 소잉북
THE SEWING BOOK

바느질 작가 10인이 함께 만든 [THE SEWING BOOK]은 다양한 원단을 활용하여 세련되게 디자인한 사계절에 맞는 특별한 아이템이 가득합니다. 핸드메이드 의상의 완벽 가이드 [THE SEWING BOOK] 속에는 여성 코트, 원피스, 팬츠, 에이프런, 에코백뿐만 아니라 깜찍한 여자 아이를 위한 옷, 멋쟁이 남자 아이 옷 까지 다양한 아이템이 모두 수록되어 있으며 실물크기 패턴과 함께 특별부록 [소잉 NOTE]도 함께 수록되어 있습니다.

총 16작품 수록 / 정가 13,500원

집에서 입기 편한 홈웨어와 소품 만들기
핸드메이드 홈웨어

트렌디하면서도 편안한 스타일의 의상을 만들고 싶다면 [핸드메이드 홈웨어]를 만나보세요! 일본에서 큰 인기를 얻고 한국어판으로 발간된 핸드메이드 홈웨어는 원피스, 티셔츠, 트레이닝복, 점프슈트, 카디건 등의 일상복부터 간단한 외출복, 소품 등의 다양한 아이템이 수록되어 있습니다. 작품의 실물크기 패턴이 함께 수록되어 있고, 전 작품을 일러스트 설명서로 자세하게 설명하고 있어 초보자라도 차근차근 만들 수 있도록 도와줍니다.

총 22작품 수록 / 정가 13,500원

소잉스토리는 소잉D.I.Y 취미실용서와 잡지를 출간합니다. www.sewingstory.com

※ 각 서적에는 All Color 사진설명서·일러스트설명서가 들어있어 초보자들도 쉽게 따라 만들 수 있습니다. 각 사이즈별로 그레이딩된 패턴도 함께 들어 있습니다.

※ 위 서적들은 패션스타트(www.fashionstart.net), 심플소잉(www.simplesewing.co.kr), 퀼트스타(www.quiltstar.co.kr) 및 온/오프라인 서점에서 구입하실 수 있습니다.

양모처럼 부드럽고 가벼운 **고급 날나리실**
다이마루, 저지, 수영복 원단 등 스판성 있는
원단을 봉제하거나 퀼팅작업을 할 때 **밑실전용으로!**
또 가장자리 **오버룩, 인터록** 처리 시,
고급스럽게 마무리합니다.

LaLa

꽃잎처럼 부드러운 감촉의
LaLa Thread
라라실

Nylon 100%   Made in Korea

해피베어스에서는 품질 관리에 최선을 다하고 있습니다
유통 중에 손상이 되었거나 이상이 있는 것으로 확인되는 제품은
구매처에 문의하여 주십시오.
패션스타트:1644-8957 / 심플소잉:1644-8754 / 팩스:1644-8755

About LaLa   싱그러운 생기를 불어 넣어줄 하이퀄리티 봉제실

1. Soft 부드러운 터치감
울실과 같은 부드러운 촉감으로,
밑실로 사용했을 때 피부에 닿는
느낌이 포근하고 부드러워서 아이들
피부에도 자극이 없습니다. 또한
다이마루나 울원단 같은 부드러운
소재와 잘 어울려 인터록, 오버록용
으로 사용하기 좋습니다

2. Strong 최상의 인장강도와 탄성
강도와 탄성이 우수하여 봉제 시 잘 끊어지지 않고, 신축성이
좋은 나일론 100%로 제작되어 스판성 있는 원단도 봉제하기
좋습니다.

 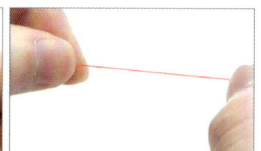

3. Color 고급스러운 색감
포근하고 고급스럽게 연출되는 총
25가지 컬러로, 광택감 또한 우수
하여 작품의 완성도를 더욱 더
높여줍니다.

4. Size 실용적인 디자인
1콘당 350m정도 감겨있으며 가정용 미싱에 사용하기 좋은 3×
5(cm) 사이즈! 미니사이즈로 제작되었기 때문에 사용과 관리가
무척 편리합니다. 또한 실패 끝에 여닫는 부분이 있어서 실을
넣고 닫아주면 실이 풀리지 않아서 보관이 good~

라라실로 작업해 볼까요?
보송보송한 텍스쳐로 피부에 닿는 느낌도 좋고 작업 후
느낌도 고급스럽고 멋스럽습니다.

나일론100%
100D/2 350m

보다 자세한 제품
정보를 확인해보세요.

해피베어스 사업부
(주)코하스 광주광역시 북구 무등로107(신안동)코하스빌딩
제품 및 도매문의 TEL.070-8282-7028

Korea Sewing DIY Multi-Shop

[심플소잉NCC 전국대리점]

원단/부재료/패턴/서적/미싱 등 내가 원하는 모든 소잉상품을 경험할 수 있는 즐거움!!
1:1 교육을 통해 하나하나 배워가는 소잉실력과 나의 손으로 만들어지는 작품의 자신감!!!

국내 최대의 소잉DIY 토탈 솔루션기업인 '코하스'에서 전개하는 **국내 최초의 소잉 DIY 전문 멀티샵**으로, 원단/ 부재료/ 패턴/ 서적/ 미싱 등 작품제작에 필요한 모든 상품과 본사교육을 이수한 전문강사를 통한 체계적이고 수준높은 교육을 믹스&매치하여 지금까지 경험하지 못했던 전혀 다른 개념의 스타일로 서비스를 제공함으로써, **소잉DIY를 사랑하는 분은 물론 처음으로 접해보고자 하는 모든 분들에게 최고의 만족과 행복을 전해드리는 새로운 DIY라이프 스타일을 경험하실 수 있는 소잉DIY 전문 멀티샵입니다.**

▶▶▶ 심플소잉NCC 대리점의 소잉상품

내가 원하는 상품과 내가 알지 못했던 상품까지.. 소잉DIY와 관련된 다양한 상품을 선사해 드립니다.

● 원단 및 부재료 상품

국내 최초의 소잉DIY 전문 멀티샵 '심플소잉 NCC' 대리점은 DIY 토탈 솔루션 기업인 '코하스'에서 전개하는 대리점으로, 코하스에서 직접 개발/생산한 독점상품 및 일본, 미국 등의 수입상품 등 소잉에 필요한 다양한 원단 및 부재료를 구비하고 있어 내가 원하는 작품에 맞는 상품들을 직접 보고 선택하실 수 있습니다.

● 패턴 및 서적

국내 최초의 소잉DIY 전문 멀티샵 '심플소잉NCC' 대리점은 코하스에서 직접 기획/개발한 다양한 스타일과 종류의 '실물패턴'은 물론 쿠치토, 피메일, 단행본 등 '외국서적 번역본' 그리고 코하스 자체 '개발서적' 등 다양하고 수준높은 소잉전문 패턴 및 서적을 직접 만나실 수 있습니다.

● NCC 미싱

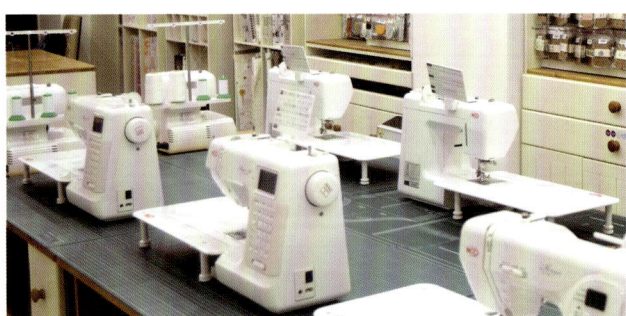

대한민국의 뉴 프리미엄 스타일 'NCC미싱'은 작품제작을 하는데 있어서 작품의 퀄리티는 물론 소잉의 진정한 즐거움을 전해드립니다. 더불어, 심플소잉NCC 대리점에서는 누구나 편리하게 미싱을 직접 체험 하실 수 있는 별도의 공간이 준비되어 있으며, 소잉에 필요한 미싱의 기능을 마스터할 수 있도록 체계적이고 전문화된 미싱 기능교육을 받으실 수 있습니다.

소잉전문 교육프로그램 '통합 커리큘럼'

소잉부터 가방, 의류까지!!!
가장 많이 제작되어지고, 제작하고 싶어하는 아이템, 소잉의 다양한 스킬로 실력을 향상시킬 수 있는 아이템들을 엄선하여 개발된 교육 프로그램으로, 실질적으로 현장에서 직접 작품 만들기를 통해 미싱에 대한 기초에서부터 응용작품 제작까지 소잉에 필요한 모든 내용으로 구성된 **심플소잉NCC 대리점 전용 소잉교육 커리큘럼**입니다.

커리큘럼 각 단계 교육과정별로 교재와 실물패턴이 제공되며, 이를 통해 교육시간 이외에도 스스로 예습, 복습하면서 소잉스킬을 익히고 내 것으로 만들 수 있도록 보다 체계적으로 구성된 프로그램입니다.

처음 접해보는 소잉의 부담감... 처음 사용해보는 미싱의 어려움... 어디에서부터 시작해야 좋을지 모르는 막막함... 소잉 전문교육을 이수한 수준높은 강사가 1:1로 수업을 진행하기 때문에 이러한 소잉에 대한 부담감이나 어려움, 막막함없이 재미있고 즐거운 교육을 받을 수 있습니다.

중급 소품 과정
"머신 소잉과 더욱 친해질 수 있는 여섯 가지 소품 만들기"
* 교육시간 : 10교시
* 교육아이템 : 앞치마/가오리가방/캐주얼가방/룸슈즈/러플쿠션/발매트
* 증정패턴 : 메인 6가지 응용 5가지, 총 11가지의 실물크기 패턴 증정

중급 의상 과정
"여섯 가지 의상 만들기로 자신감 업그레이드"
* 교육시간 : 10교시
* 교육아이템 : 바지/티셔츠/원피스/조끼/후드점퍼/큐트자켓
* 증정패턴 : 메인 6가지 응용 8가지, 총 14가지의 실물크기 패턴 증정

중급 베이비소잉 과정
"엄마가 직접 만드는 내 아이 첫 선물"
* 교육시간 : 10교시
* 교육아이템 : 손싸개/발싸개/속싸개/배냇저고리/턱받이/곰돌이모자/어부바인형/짱구베게/딸랑이2종
* 증정패턴 : 메인 10가지의 실물크기 패턴 증정

초급과정
"머신 소잉 스킬을 배우는 눈과 손이 즐거운 4가지 기본 작품"
* 교육시간 : 5교시 (기능교육 포함)
* 교육아이템 : 통장케이스/에코백/스트링파우치/지퍼파우치
* 증정패턴 : 메인 4가지 응용 8가지, 총 12가지의 실물크기 패턴 증정

고급 과정
"내 손으로 만드는 명품 그 이상의 가치"
* 교육시간 : 10교시
* 교육아이템 : 빅백/백팩/보스턴백/장지갑
* 증정패턴 : 메인 4가지 응용 4가지, 총 8가지의 실물크기 패턴 증정

[심플소잉NCC 전국대리점 업그레이드 서비스]

대한민국 최초! 최고!의 소잉DIY 전문 멀티샵 '심플소잉NCC' 대리점에서는 소잉을 사랑하시는 고객님들께 보다 수준높은 소잉의 가치와 즐거움, 그리고 행복을 전해 드리고자 **전국 대리점에서 일괄적인 업그레이드 서비스를 제공**해 드리고 있습니다.

1. 뉴 프리미엄 스타일 NCC미싱 구입시

1. '원단/부재료 교환권' 최대 10만원 증정!
2. '소잉전문 교육프로그램 '초급과정' 수강료 무료!
3. 소잉전문 교육프로그램 '중급과정' 수강료 5만원 즉시할인!!

* 위 혜택은 미싱 종류별로 차이가 있으니, 자세한 내용은 대리점으로 문의해 주시기 바랍니다.

2. 구매금액별 '트렌드 실물패턴' 증정

심플소잉NCC 대리점에서 증정하는 패턴은 최근 유행하는 '트렌드 스타일'의 아이템 '실물패턴'으로, 주기적으로 트렌드를 반영하여 업데이트된 패턴을 제공합니다.
(최대 3가지 스타일의 실물패턴 3종 증정)

 검색창에 **심플소잉 ▼** 을 쳐보세요!

심플소잉NCC 전국 대리점 자세히보기 대표전화 1644-5662
심플소잉 쇼핑몰 www.simplesewing.co.kr / NCC 쇼핑몰 www.ncckorea.co.kr

[첨부 부록] 실물크기 패턴의 사용방법

1 만들고 싶은 작품이 결정되면…

1. 만들고 싶은 작품이 결정되면 만드는 방법 페이지를 펼쳐 A·B·C·D면 어디에 패턴이 있는지 확인합니다.

2. 81페이지의 참고 사이즈표에서 자신의 몸에 맞는 사이즈를 확인한 다음 제작할 사이즈를 확인합니다.

3. 패턴을 잡지에서 꺼내어 확인한 면을 펼쳐, 필요한 패턴 번호, 패턴 수, 선의 색을 확인합니다.

2 패턴을 베낀다

1. 패턴의 선을 잘못 베끼는 것을 방지 하기 위해 제작할 사이즈의 선을 형광펜 등으로 덧그립니다.

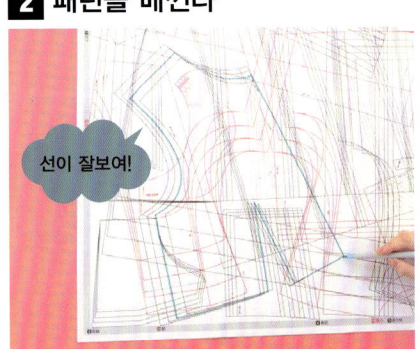

2. 패턴 위에 패턴지(부직포패턴지)를 겹쳐 문진으로 고정합니다. 샤프펜슬을 사용해 선을 베낍니다. 방하자와

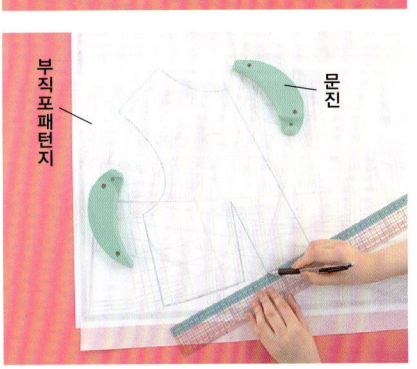

3 시접분을 그린다

1. 만드는 방법 페이지의 재단배치도를 보고 각 부위의 시접을 확인한 후, 베낀 패턴에 시접분을 그려줍니다.

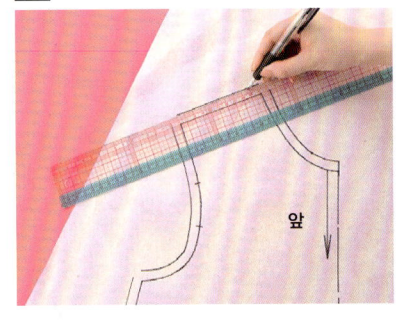

2. 시접이 교차하는 부분은 넉넉하게 남겨두고 바깥쪽의 선을 따라 자릅니다.

3. 식서 방향, 맞춤점, 명칭 등도 잊지 말고 기입해 주세요.

어깨선·옆선·밑단선의 경우…

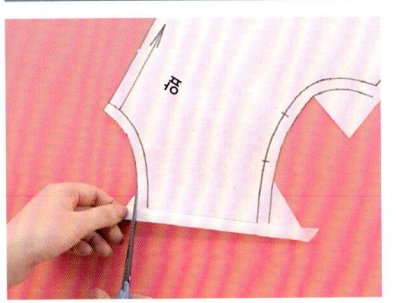

만드는 방법을 보고 시접을 방향으로 완성선을 자릅니다. 시접을 넘기는 방향을 확인합니다. 시접은 접은 상태에서 시접선을 자릅니다.

3. 각 부위의 시접 그리기 완료.

다트·턱의 경우…

다트를 접어 셀로판테이프로 고정합니다. 시접을 따라 자르고 셀로판테이프를 떼어냅니다.

4 원단을 재단하고, 표시를 한다

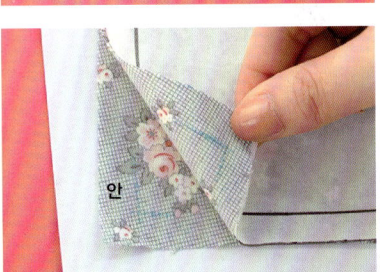

1. 만드는 방법 페이지의 원단 재단 방법, 원단 접는 방법 그리고 패턴의 배치를 확인합니다. 자른 패턴을 원단 위에 놓고, 시침핀으로 고정한 후, 원단전용 가위로 패턴을 따라 자릅니다.

2. 두꺼운 종이를 바닥에 깔고, 원단 사이에 양면 초크페이퍼를 끼웁니다. 완성선을 룰렛으로 덧그려서 표시를 합니다.

3. 표시가 끝난 상태

소잉의 기초

◇ 치수 재는 방법 ◇

물건을 만들 때 치수가 필요하듯이, 옷을 만들 때에도 치수가 필요합니다. 자신의 정확한 사이즈를 알고 나서 사이즈를 선택해주세요.

◇ 본지에 실린 작품의 참고 사이즈표 ◇

	가슴둘레	허리둘레	엉덩이둘레	등길이	허리길이	밑위길이	밑아래길이	소매길이	손목둘레	신장
S	79	62	84.5	37	17.5	25	68	52	14	153
M	84	66	90	38	18	26	70	53	15	158
L	88	69	94.5	39	18.5	26.5	72	54	16	162
LL	93	73	100	40	19	27.5	73	55	17	166

◇ 봉합에 대해서 ◇

재단한 원단의 끝이 풀리지 않게 시접을 마무리합니다.

지그재그봉합 — 가정용미싱에 주로 사용되는 기능입니다.

오버록봉합 — 시접의 마무리전용 봉합기능입니다.

◇ 시접 처리방법 ◇

넘김 — 2장의 원단을 미싱으로 봉합할 경우, 시접 처리 방법으로는 시접을 가름솔하는 방법과 넘기는 방법이 있습니다.

가름솔 — 솔기를 따라 다림질로 가른다.

◇ 미싱에 대해서 ◇

바늘 땀은 2.5~3mm

되돌아박기 — 봉합의 시작과 끝에서 실이 풀리는 것을 방지하기 위하여 3~4땀 겹쳐 봉합하는 것을 말합니다.

◇ 바늘과 실의 선택방법 ◇

표를 참고하여 원단에 맞는 실과 바늘을 선택해봅시다.

원단		실과바늘	미싱	
			바늘	실
면	보통	모직, 무명	9번 11번	폴리에스테르실 60수
	두꺼움	데님, 개버딘, 범포, 벨벳	11번 14번	면사 50수 / 폴리에스테르실 60수
화학섬유 (인견)	얇음	시폰, 나일론, 견직물, 공단	9번	인견혼제실 50수 / 폴리에스테르실 90수

올바른 바늘 땀 — 겉에서 봐도, 안에서 봐도 똑같은 바늘 땀

◇ 제도기호 ◇

완성선		식서방향 (화살표 방향이 수직입니다)
안내선		식서방향 (털이 있는 원단의 경우, 한 방향으로 재단)
안단선		등분선 (같은 치수로 나눠 표시한다)
접힘 재단 표시(골선)		접착심의 표시
접는선	○	단추
긴 쪽의 천을 주름 잡아 줄여가며 꿰매기	+	스냅 단추
직각의 표시	●× △	패턴끼리 같은 치수로 맞추는 표시 (기호는 정해지지 않음)
주름 잡는 방법 (사선의 높은 방향에서 낮은 방향으로 향하여 천을 잡는다)		
선의 교차를 구별해주는 표시		
패턴이 나뉘어 있을 경우, 기호에 맞춰 패턴을 한 장으로 만든다.		

◇ 시침질 ◇

봉합하기 전에, 원단이 뒤틀리지 않도록 봉합선에 맞춰 시침질합니다. (실은 시침실을 사용)

완성선에서 0.2cm시접 쪽으로 / 2~3cm / 0.2~0.3cm

◇ 접착심 붙이는 방법 ◇

접착심은 모양이 흐트러짐을 방지하거나 겉감을 보강하기 위해 사용합니다. 안쪽에 풀이 발려 있어 다리미로 접착시킬 수 있습니다.

① 겉감 안쪽에 접착심을 겹친다. 겉감에서 접착심이 삐져나오지 않도록 한다. 사이에 먼지가 묻지 않도록 한다. 풀이 발려있는 면

② 풀이 새어나와 다리미에 묻지 않도록 얇은 천을 덧대어 접착한다. 빈틈이 생기지 않게 다림질한다.

③ 열이 식을 때까지 움직이지 않게 한다. 증기가 마르고, 식을 때까지 움직이지 않게 한다. 빈 공간이 생기지 않도록 꼼꼼히 다림질을 한다.

④ 시접을 마무리한다. 지그재그봉제 또는 오버록 처리

◇ 다리미의 온도조절 ◇

고온(코튼·리넨)	200~250℃
중온(울)	180~230℃
저온(인견, 폴리에스테르·나일론 등 합성섬유)	150~180℃

◇ 공그르기 ◇

손바느질하는 경우, 자주 사용되는 방법입니다.

2넣음 / 3뺌 1뺌

◇ 주름 잡는 방법 ◇

시접을 두 줄로 봉합한다. 시작과 끝의 실을 10cm정도씩 남긴다.

0.5cm / 완성선에서부터 0.2cm 시접을 둔다 / 약10cm 남긴다 / 윗실 / 밑실

밑실 두 줄을 함께 당겨 주름을 잡는다.

◇ 단추크기와 위치 결정방법 ◇

단춧구멍의 크기 결정방법

- 원형단추: 지름, 두께 — 단추지름+두께
- 버섯모양단추: 지름, 두께 — 단추지름+두께의 절반
- 꽃무늬단추: 크기 — (단추크기+점선의 길이)의 절반

단춧구멍의 위치 결정방법

가로의 경우 / 세로의 경우 — 0.2cm 단춧구멍 / 단춧구멍의 크기

◇ 스냅 단추 다는 방법 ◇

1바늘을 통과시킨다. → 2넣음 1뺌 매듭을 만든다 → 3뺌 매듭묶기 → 매듭 안으로 숨긴다. (안)

◇ 훅&아이 다는 방법 ◇

위쪽 — ①훅을 고정시킨다. ②두개의 고리를 고정시킨다.
아래쪽 — ①고정한다. ②두개의 고리를 고정시킨다.

위쪽 아래쪽

◇ 지퍼의 선택방법 ◇

지퍼는 만들고 싶은 작품에 맞춰 종류와 길이를 선택합니다. 딱 맞는 길이가 없는 경우에는 긴 길이를 선택합니다. 지퍼빨이 비닐인 경우에는 미싱으로 고정시킬 수 있습니다. 플라스틱이나 금속일 경우에는 구매한 곳에서 조절 받도록 합니다.

오픈형 지퍼 — 슬라이드, 지퍼길이, 슬라이드
콘실지퍼 — 안, 슬라이드, 겉에서 이빨이 보이지 않음, 자유잠금장치
일반지퍼 — 슬라이드, 지퍼길이, 지퍼 이빨, 상지

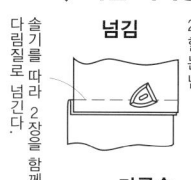
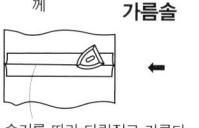
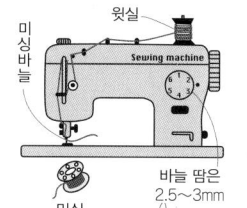
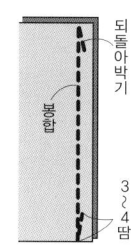
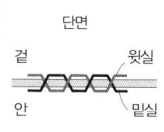
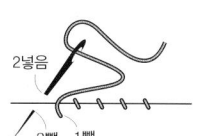
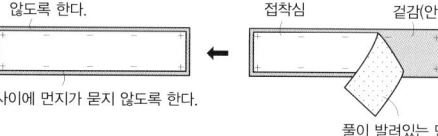
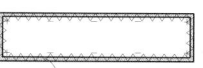
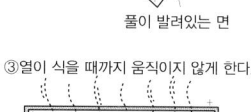
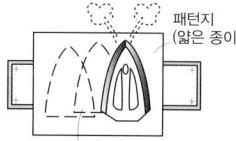
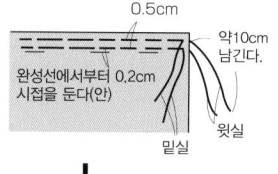
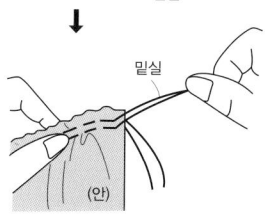

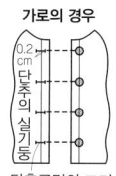
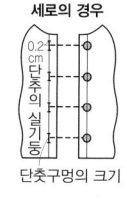
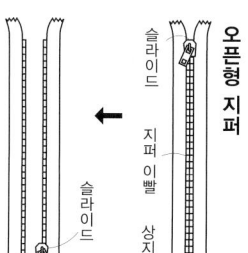
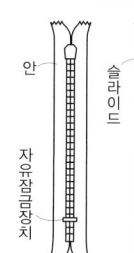
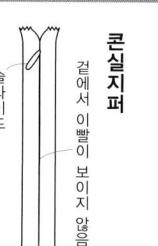
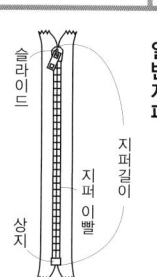

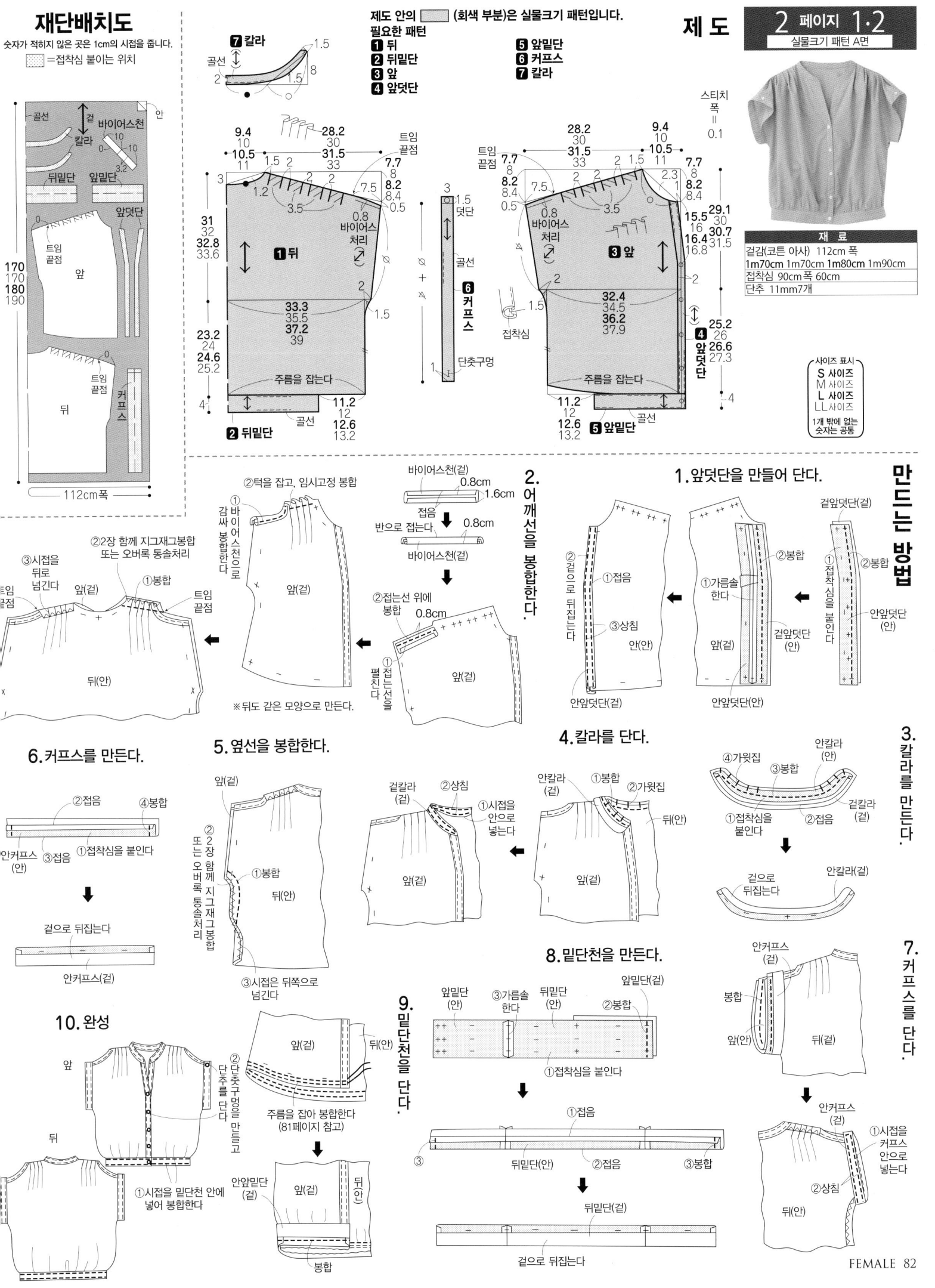

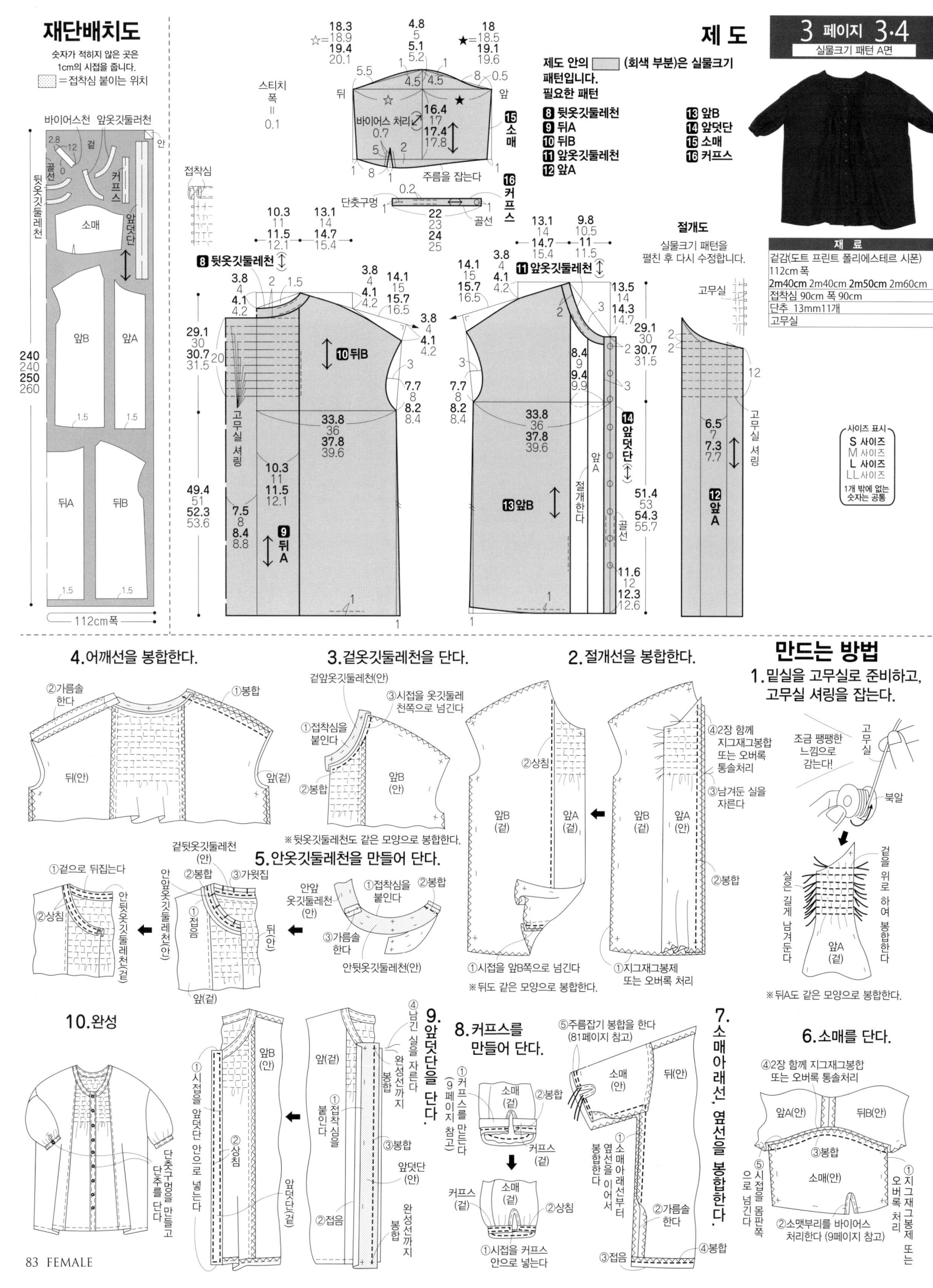

제 도

제도 안의 ▭ (회색 부분)은 실물크기 패턴입니다.

필요한 패턴

- 30 뒷요크
- 31 뒤 …27·28은 길이를 길게 한다
- 32 앞요크
- 33 앞 …27·28은 길이를 길게 한다
- 33 주머니
- 34 소매
- 35 트임 덧단
- 36 커프스
- 37 칼라받침
- 38 위칼라
- 덧단 … 제도한다
- 끈 … 제도한다(27·28만)

재단배치도

숫자가 적히지 않은 곳은 1cm의 시접을 줍니다.

▒ = 접착심 붙이는 위치

만드는 방법

1.주머니를 만들어 단다.

2.앞몸판을 만든다.

3.뒷몸판을 만들고, 어깨선을 봉합한다.

6 페이지 9·10

실물크기 패턴 A면

재 료
겉감(코튼) 110cm폭
2m50cm 2m50cm **2m60cm** 2m70cm
접착심 90cm폭 90cm
단추 11mm8개

15 페이지 19

실물크기 패턴 A면

재 료
겉감(코튼 스트라이프)
108cm 폭
2m50cm 2m50cm **2m60cm** 2m70cm
접착심 90cm폭 90cm
단추 11mm8개

20 페이지 27·28

실물크기 패턴 A면

재 료
겉감(코튼) 110cm폭
3m50cm 3m60cm **3m70cm** 3m80cm
접착심 90cm 폭 90cm
단추 11mm 8개

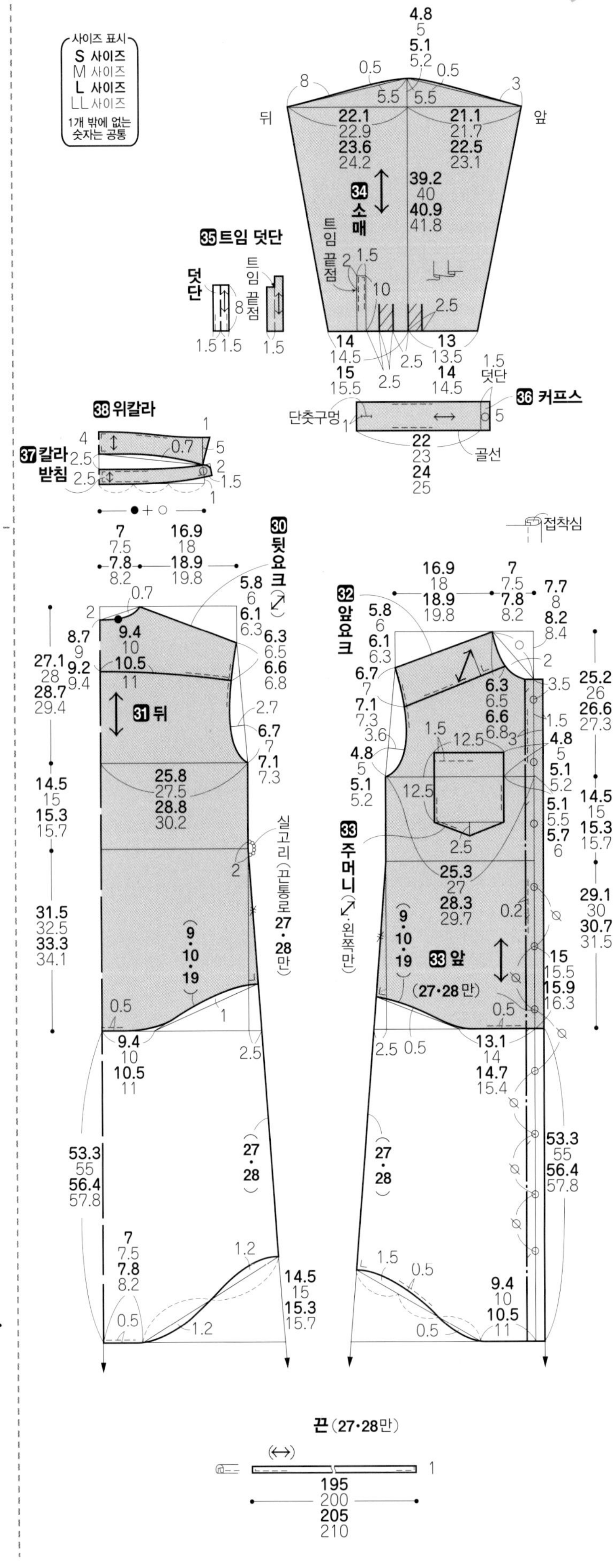

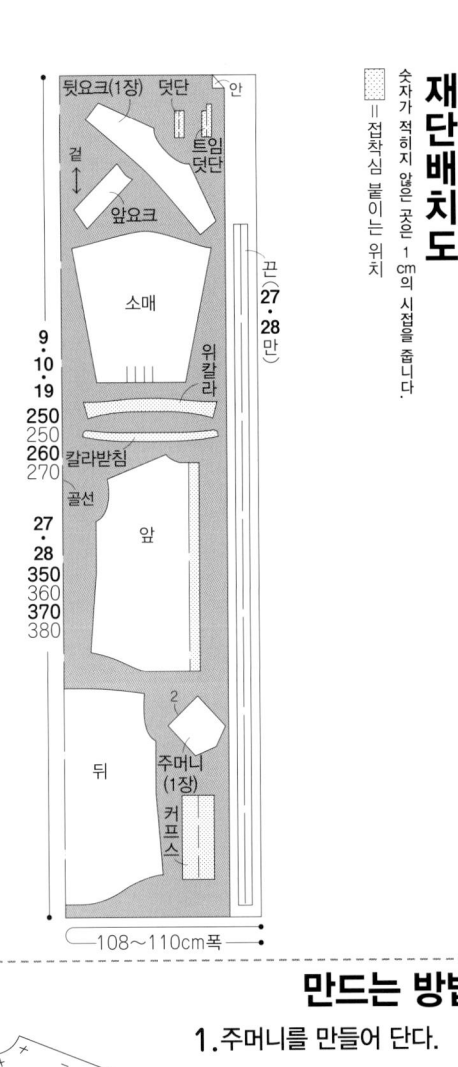

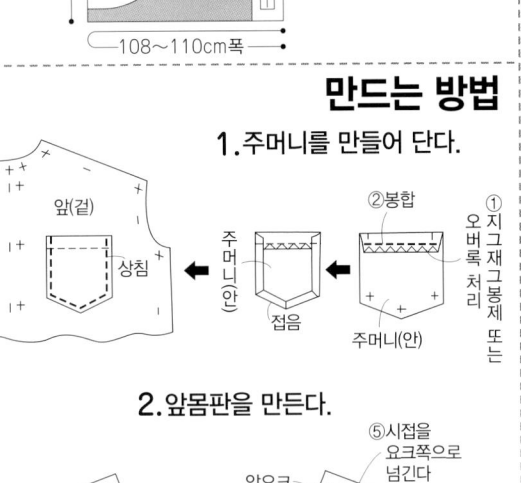

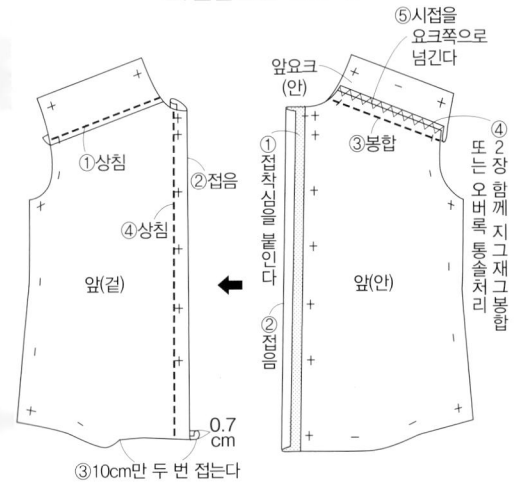

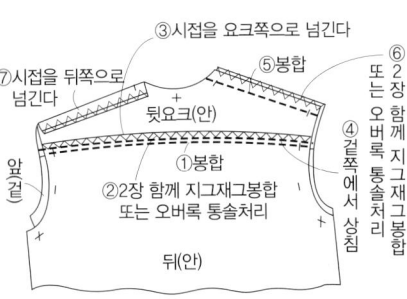

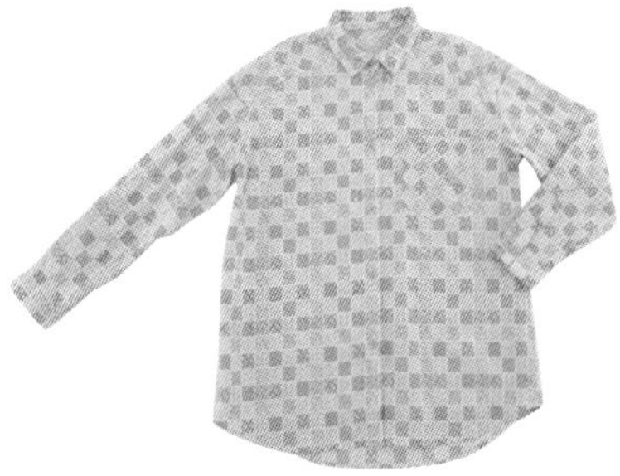

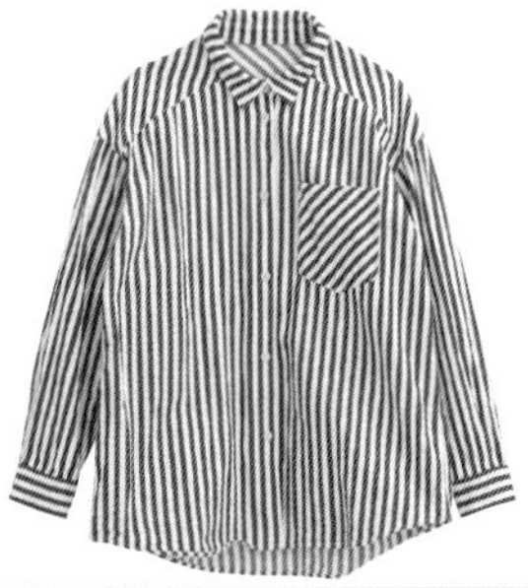

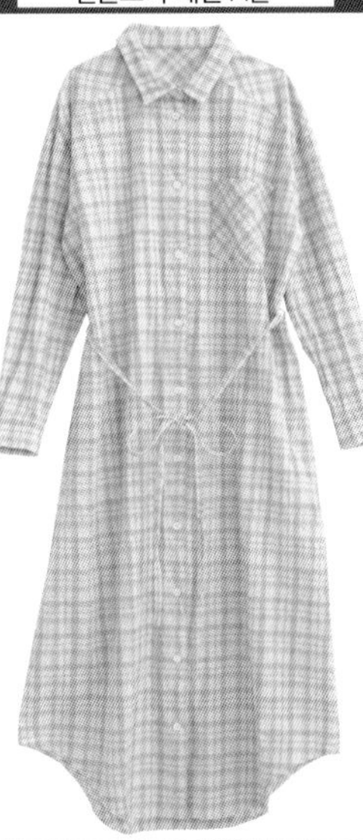

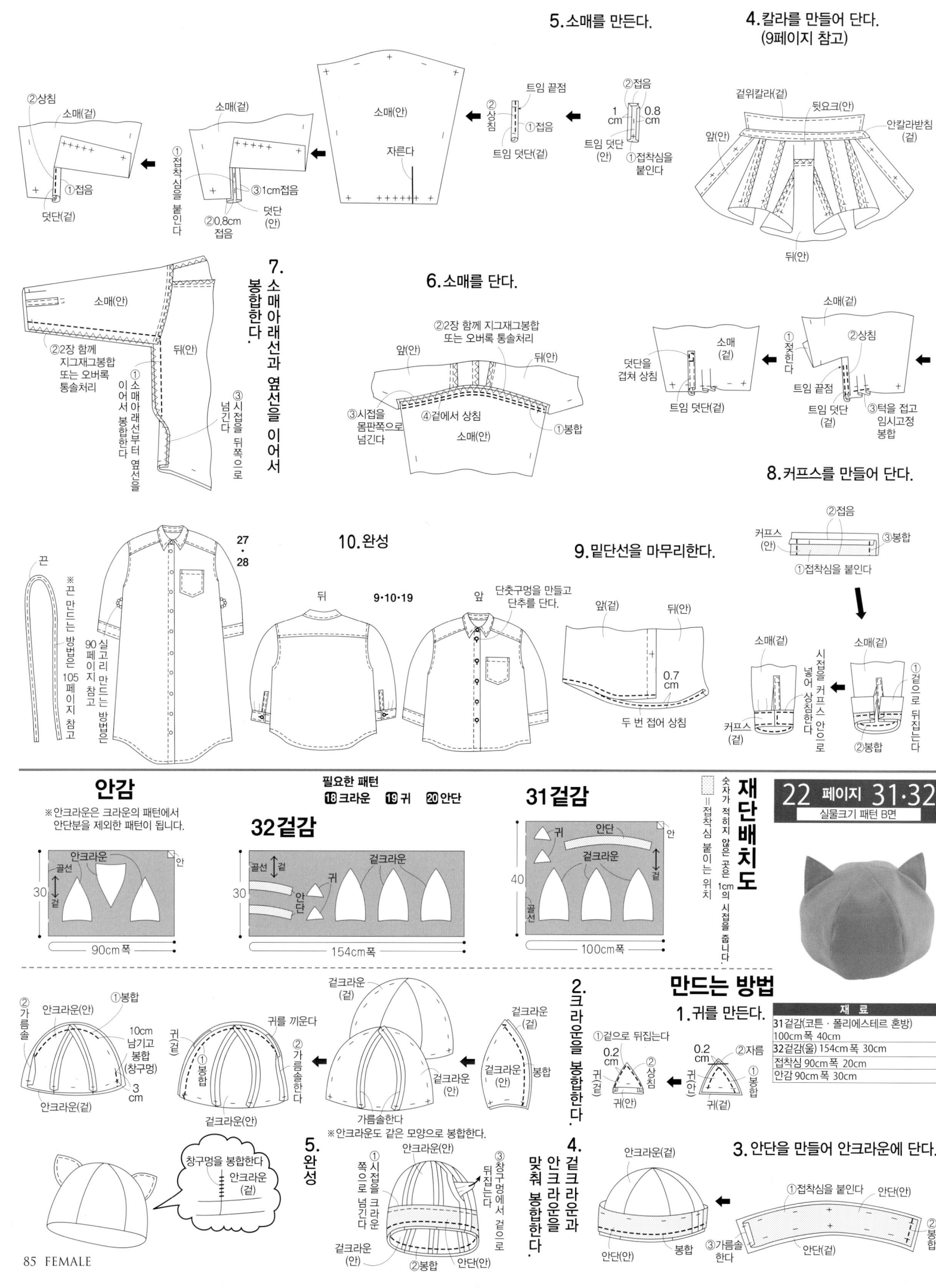

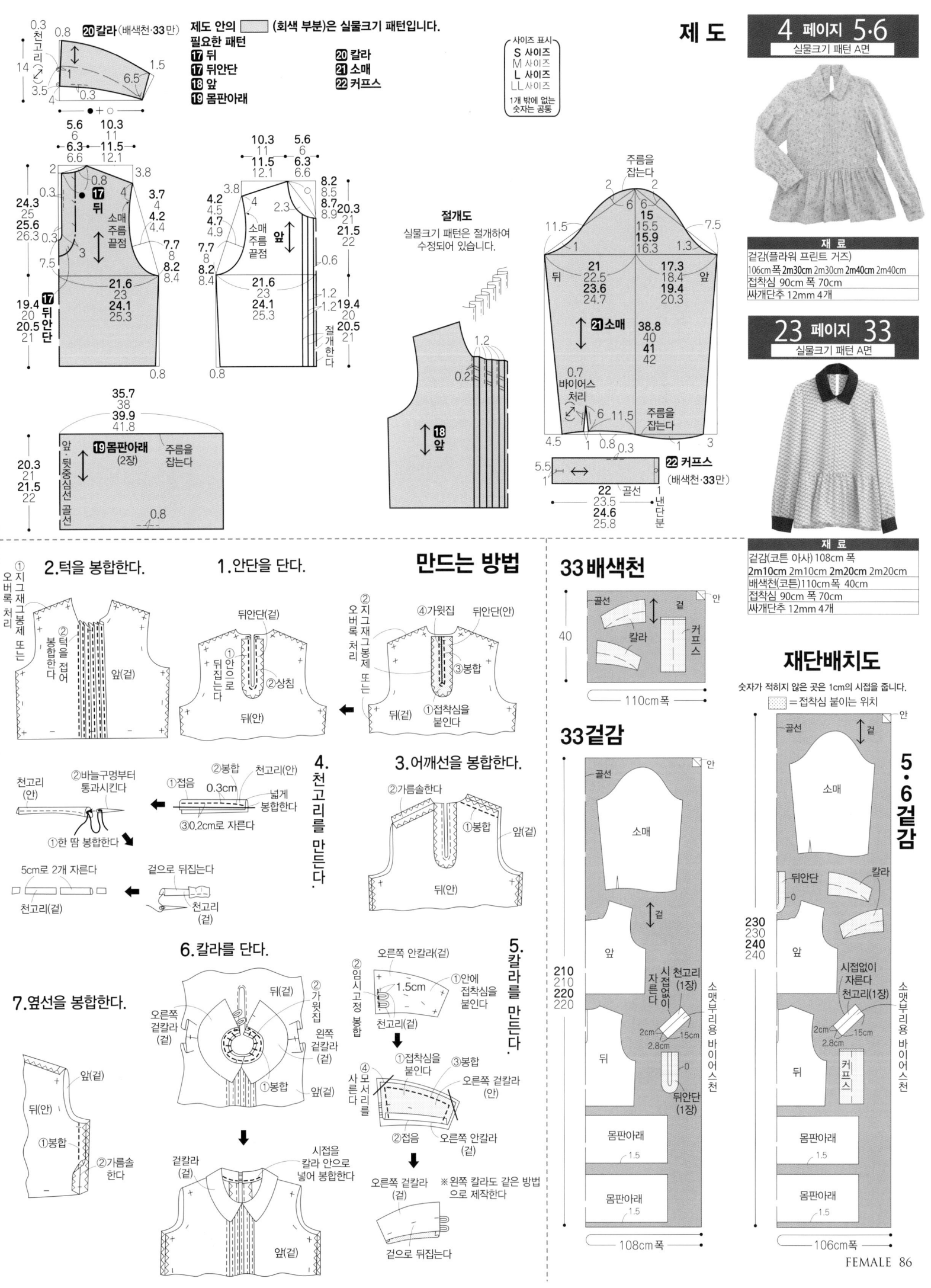

만드는 방법

10. 소매를 만든다.
9. 몸판과 몸판아래를 맞춰 봉합한다.
8. 몸판을 만든다.
11. 커프스를 만들어 단다.
12. 소매를 단다.
13. 완성

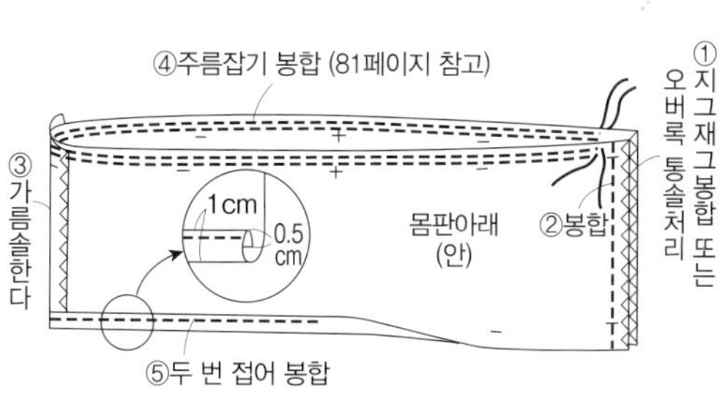

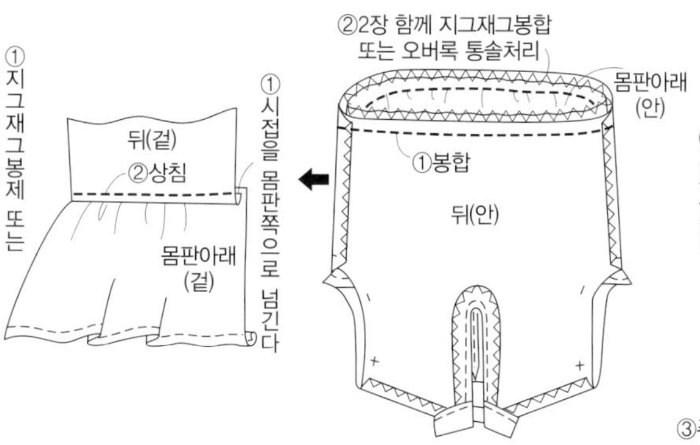

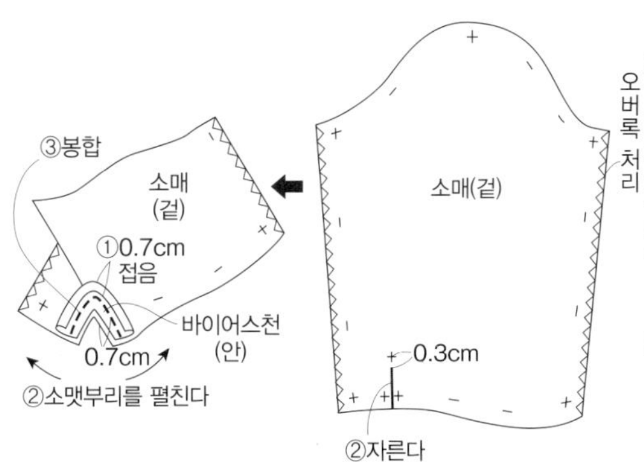

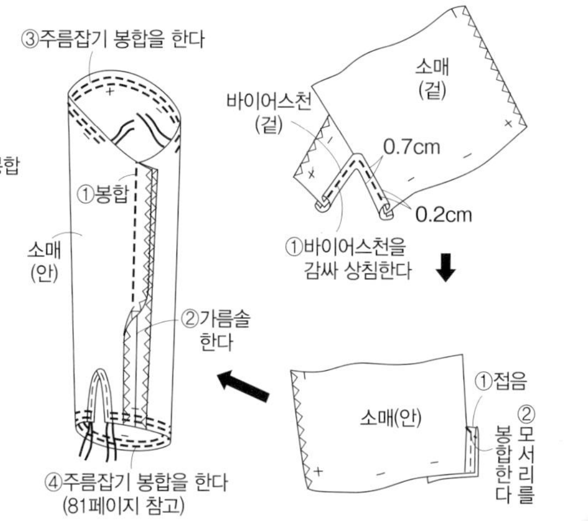

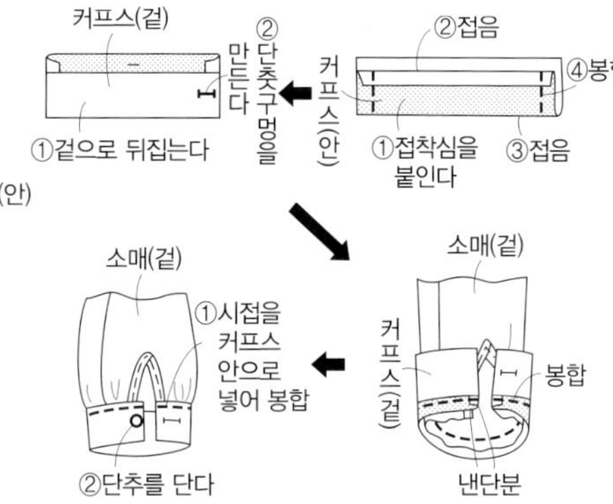

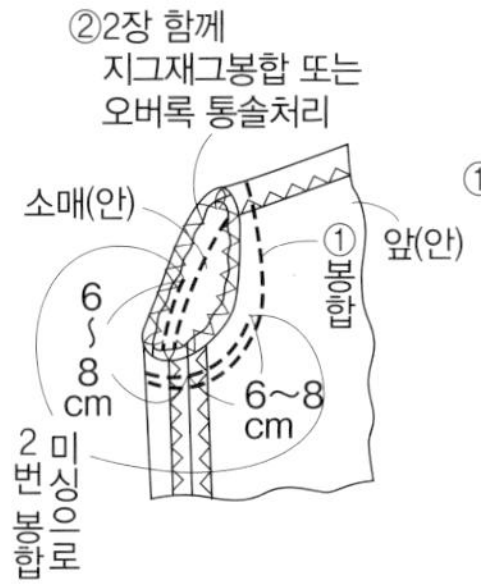

만드는 방법 (17번)

1. 바이어스천을 연결한다.
2. 바이어스천으로 진동둘레와 목둘레를 마무리한다.
3. 옆선·밑단선을 봉합한다.
4. 완성

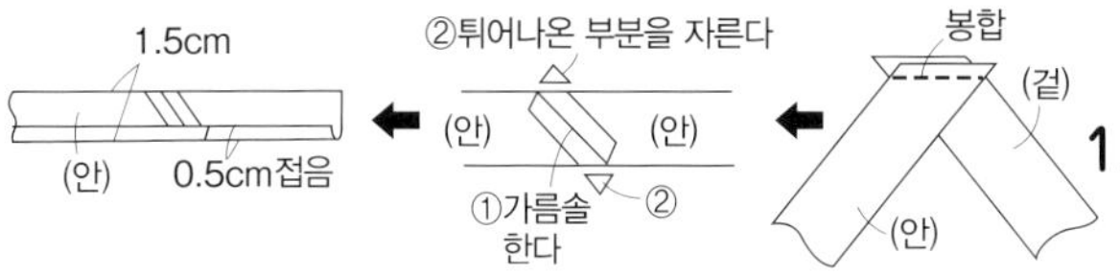

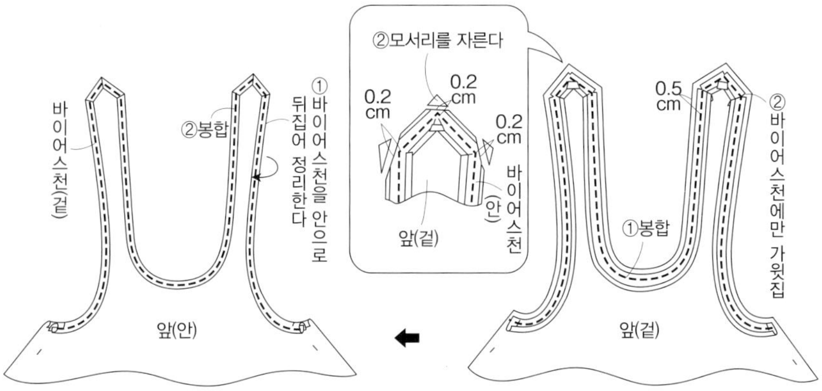

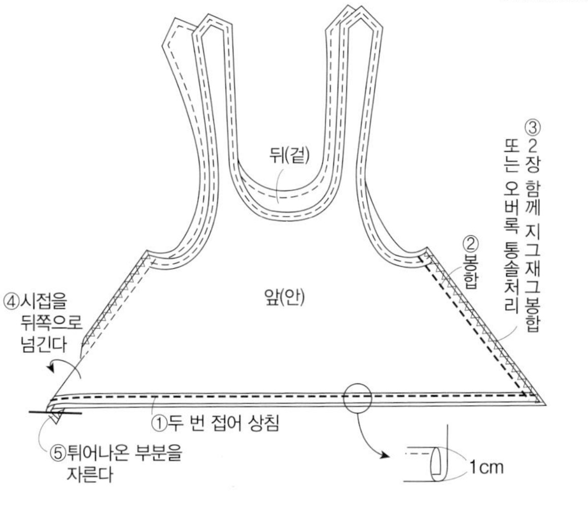

제도

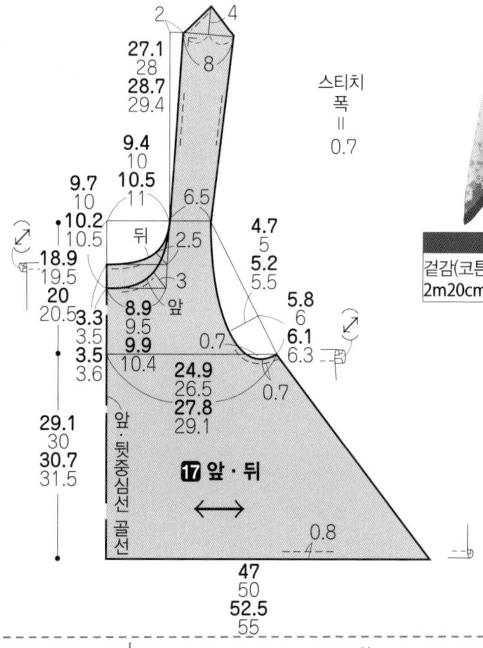

19 페이지 25·26
실물크기 패턴 B면

재료
겉감(코튼)110cm 폭
2m20cm 2m30cm 2m40cm 2m50cm

사이즈 표시
S 사이즈
M 사이즈
L 사이즈
LL 사이즈
1개 밖에 없는 숫자는 공통

재단배치도
숫자가 적히지 않은 곳은 1cm의 시접을 줍니다.

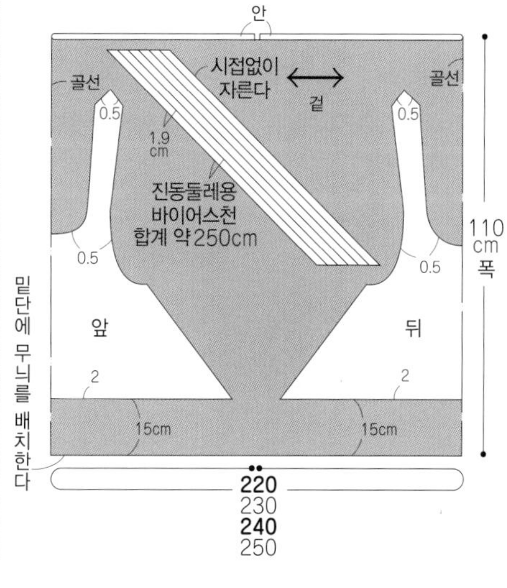

진동둘레용 바이어스천 합계 약 250cm

110cm 폭

220 / 230 / 240 / 250

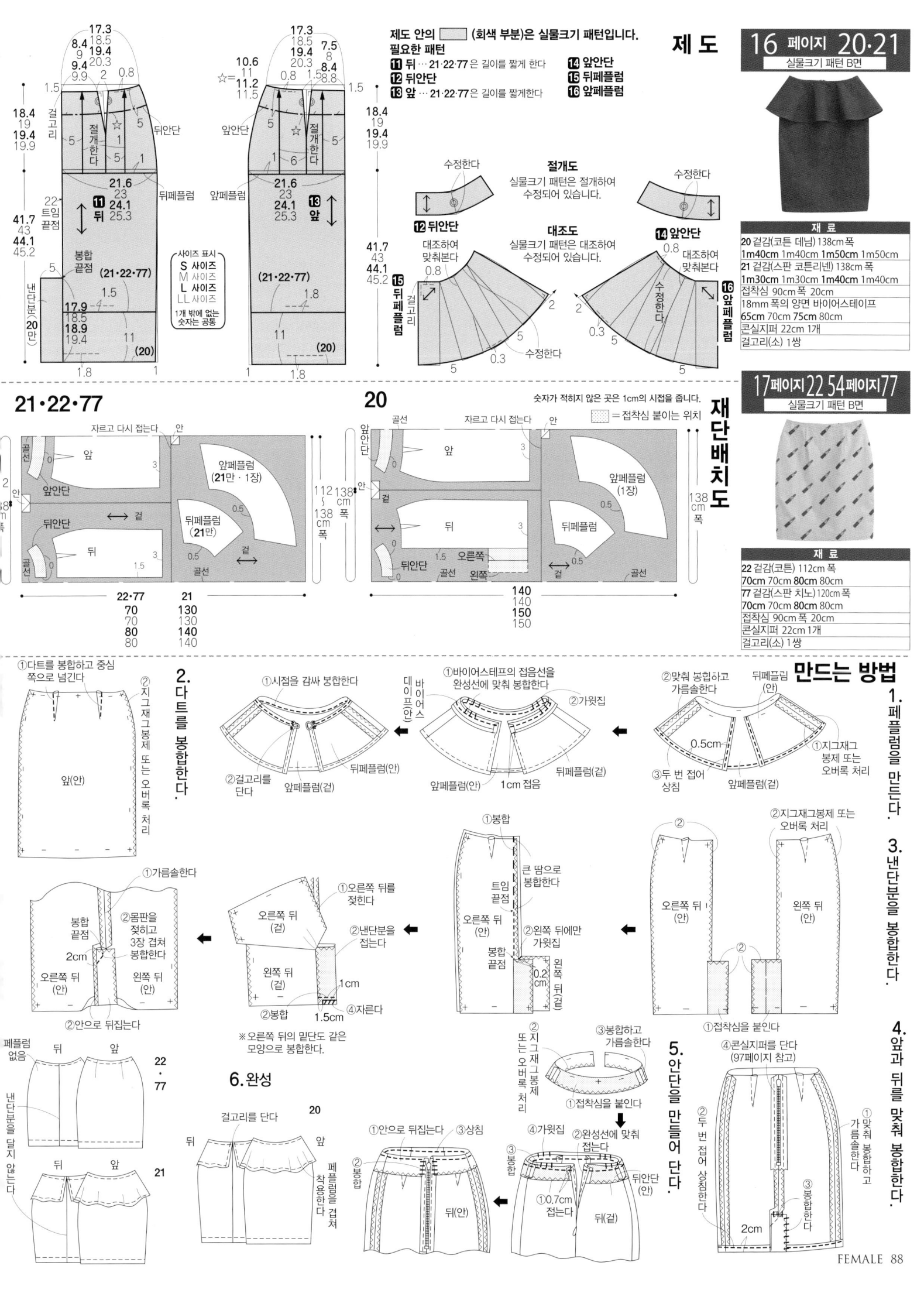

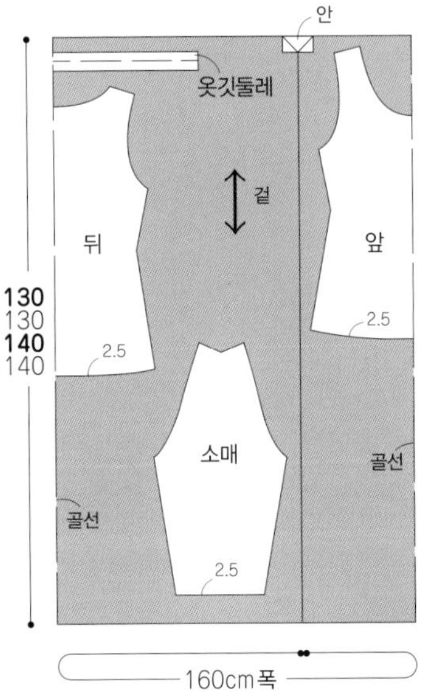

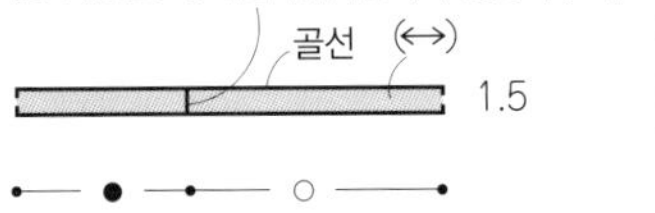

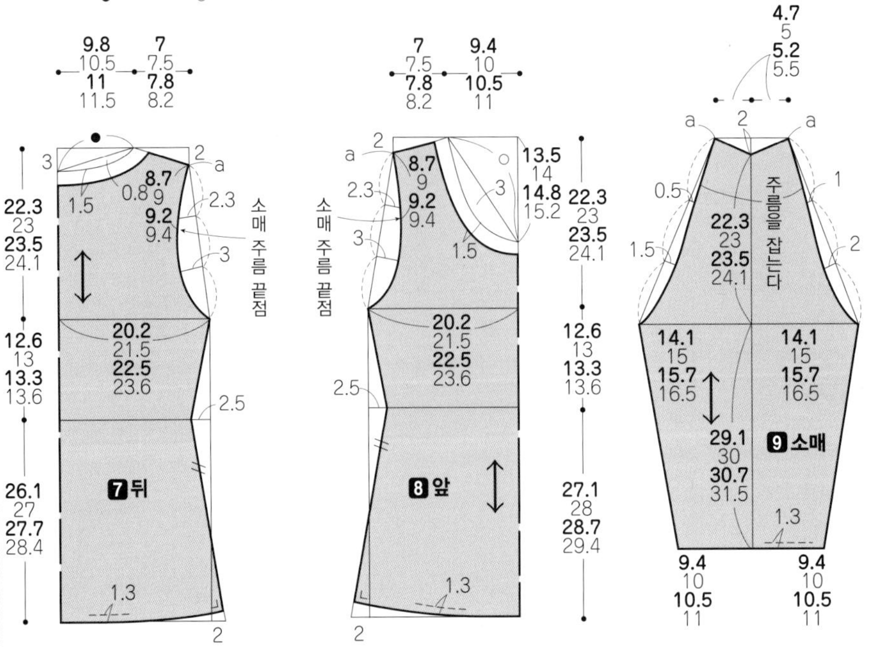

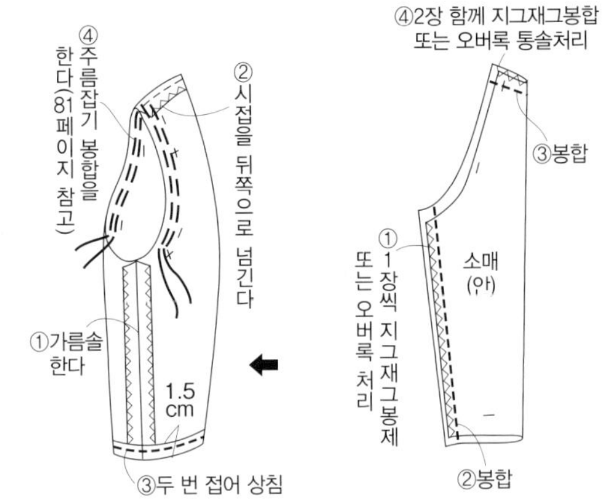

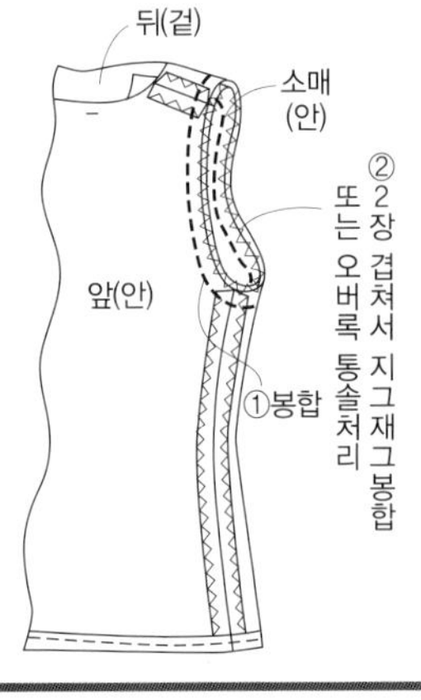

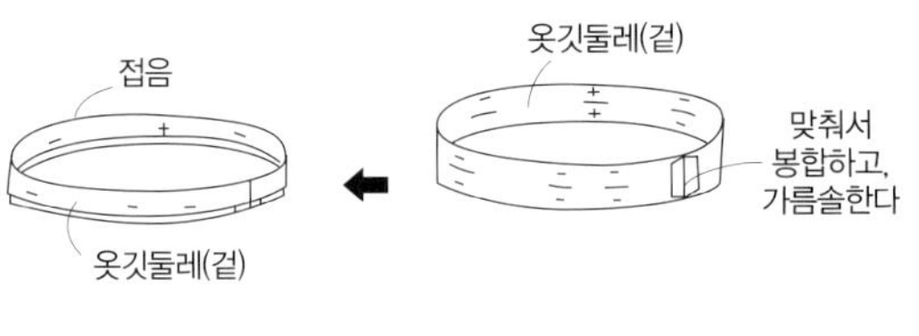

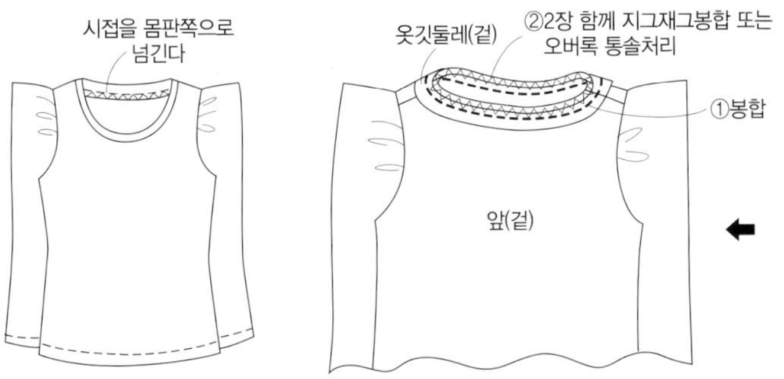

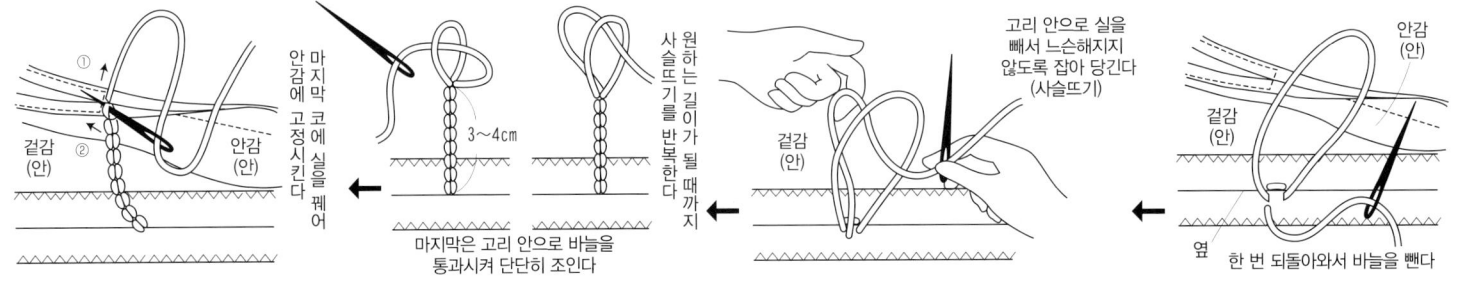

재단배치도

숫자가 적히지 않은 곳은 1cm의 시접을 줍니다.

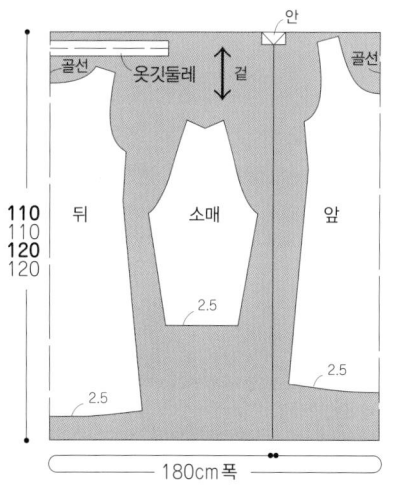

제도 안의 ▨ (회색 부분)은 실물크기 패턴입니다.
(이 작품은 12페이지 15의 패턴을 일부 변형해서 사용합니다.)

필요한 패턴
- 7 뒤 … 길이를 길게 한다
- 8 앞 … 길이를 길게 한다
- 9 소매 … 변형없음
- 10 옷깃둘레 … 변형없음

제 도

27 페이지 38·40
실물크기 패턴 B면

재 료
겉감(코튼 기모니트) 180cm 폭
1m10cm 1m10cm 1m20cm 1m20cm

사이즈 표시
S 사이즈
M 사이즈
L 사이즈
LL 사이즈
1개 밖에 없는 숫자는 공통

만드는 방법

※ 만드는 방법은 90페이지 참고

만드는 방법

재단배치도

숫자가 적히지 않은 곳은 1cm의 시접을 줍니다.

21 페이지 29·30
실물크기 패턴은 들어있지 않습니다

재 료
29 겉감(울 니트) 130cm 폭
30 겉감(코튼 혼방 니트) 148cm 폭
2m10cm 2m10cm 2m20cm 2m20cm
고무줄 30mm 폭
58cm 60cm 62cm 64cm

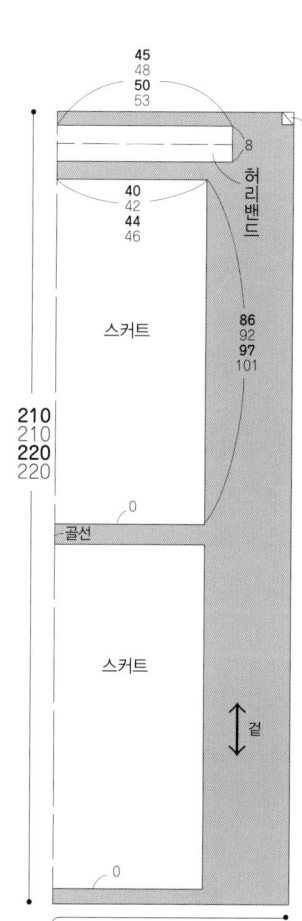

사이즈 표시
S 사이즈
M 사이즈
L 사이즈
LL 사이즈
1개 밖에 없는 숫자는 공통

91 FEMALE

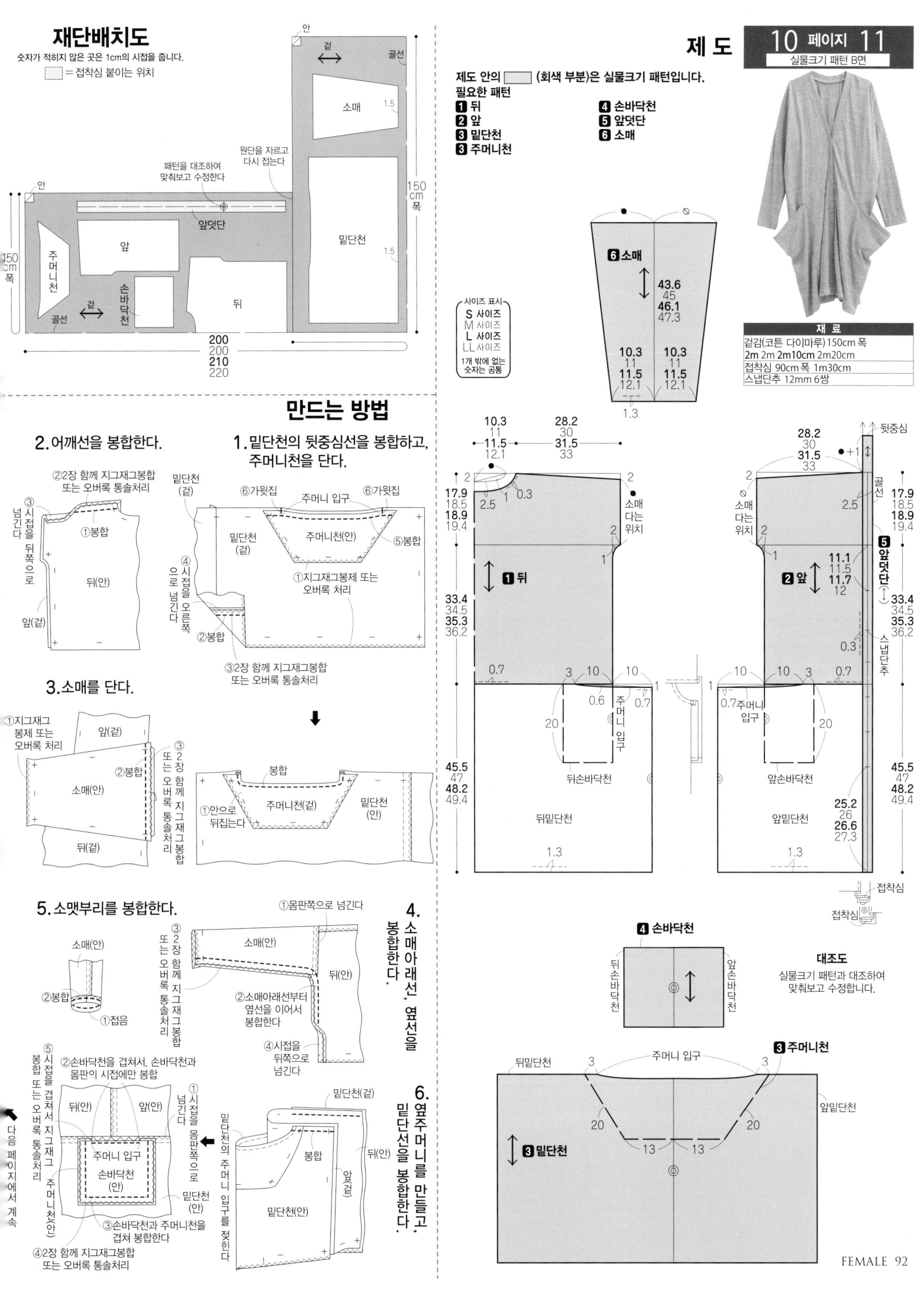

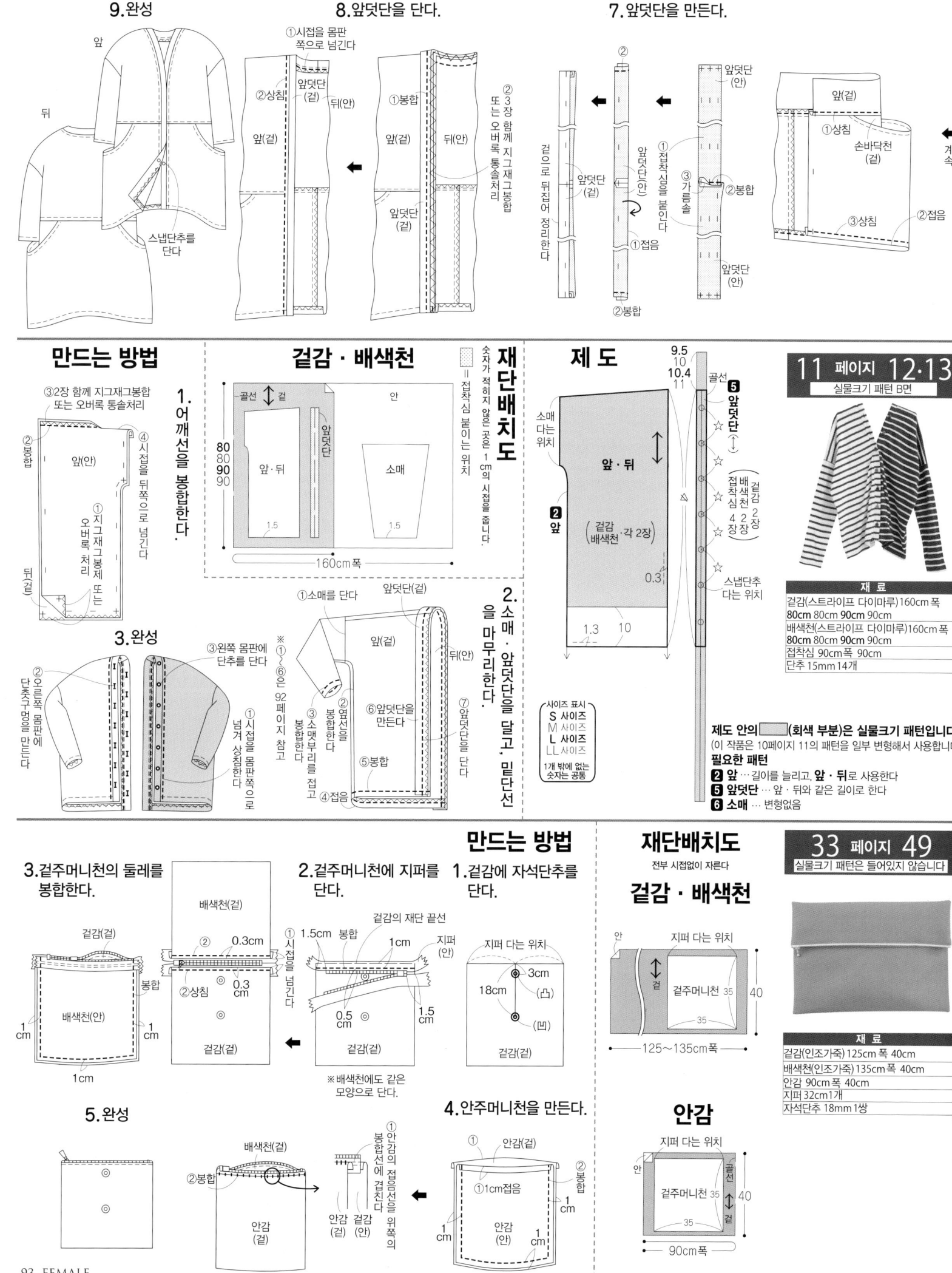

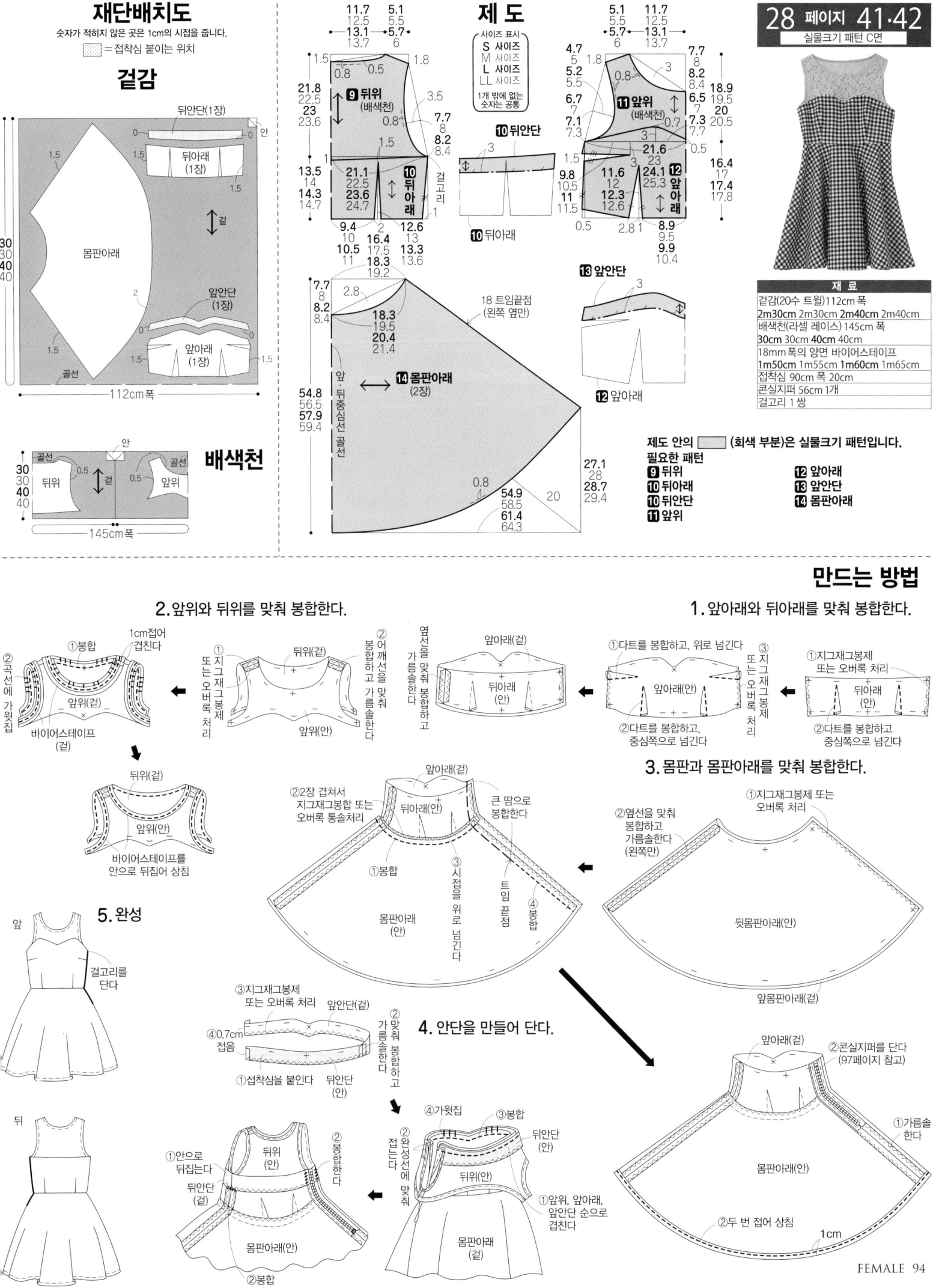

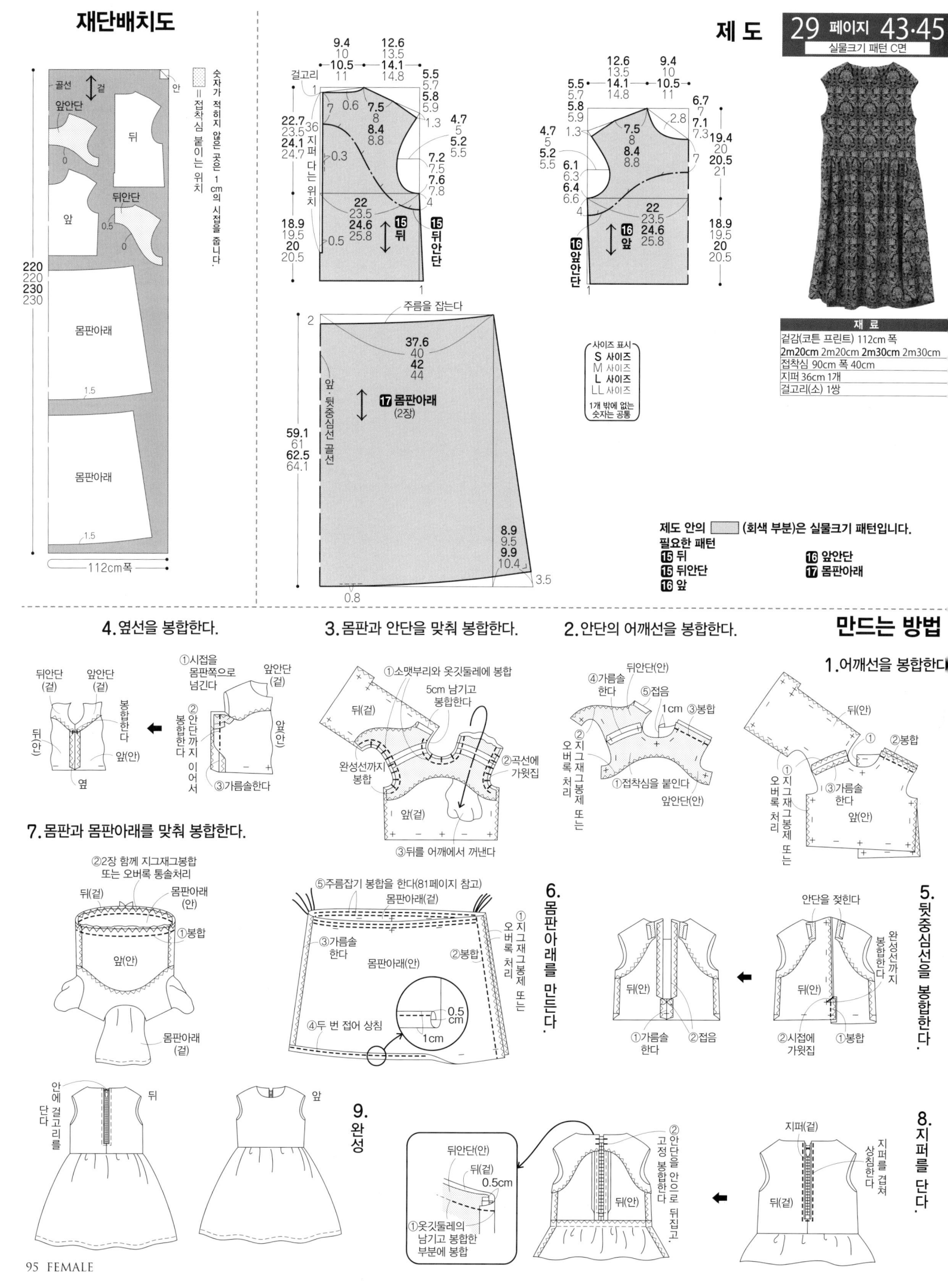

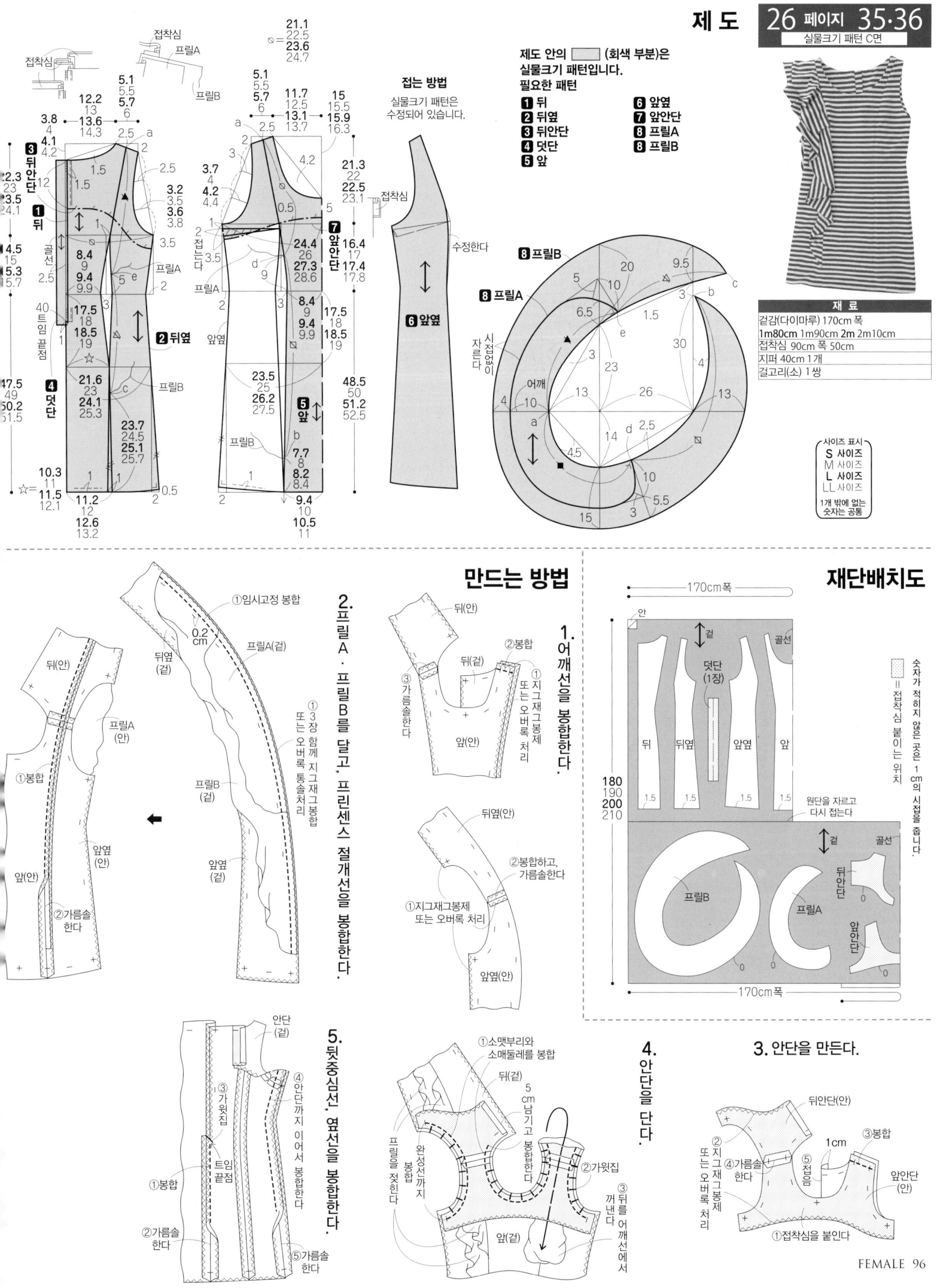

만드는 방법

8. 완성
- 뒤: ②안에 걸고리를 단다
- 앞
- ①밑단선을 봉합한다
- ②봉합 ①접음

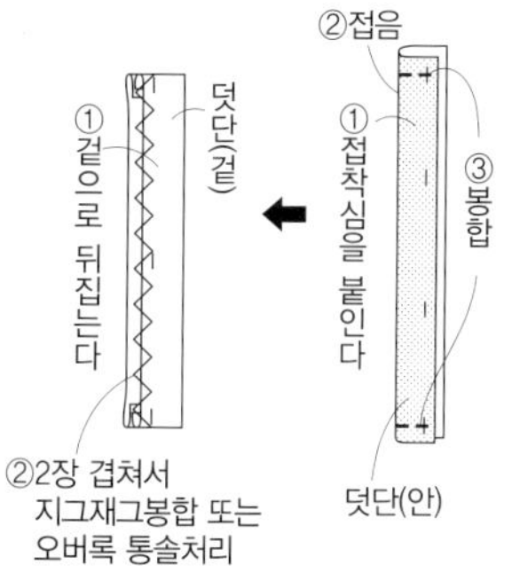

7. 지퍼를 달고, 안단 끝을 마무리한다.
- 뒤(겉) / 뒤안단(안)
- ①남기고 봉합한 부분에 봉합
- 뒤안단(겉)
- ②안단을 안으로 뒤집어 봉합한다
- 덧단을 끼운다
- ①접음
- 덧단을 젖혀 아래까지 봉합
- ②아래까지 봉합
- 트임끝점
- 뒤(겉)

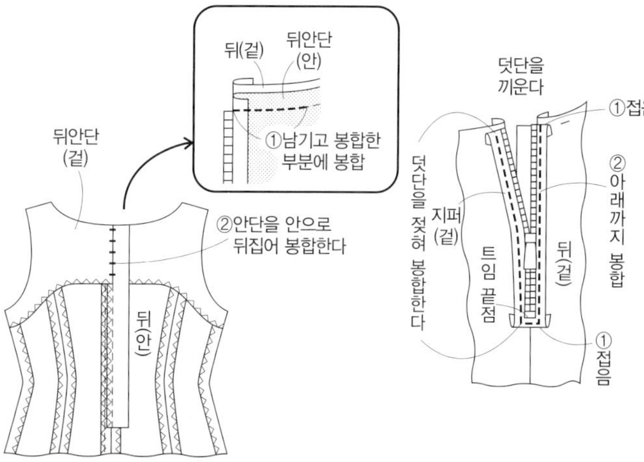

6. 덧단을 만든다.
- ②접음
- 덧산(겉)
- ①접착심을 붙인다
- ③봉합
- 덧단(안)
- ①겉으로 뒤집는다
- ②2장 겹쳐서 지그재그봉합 또는 오버록 통솔처리

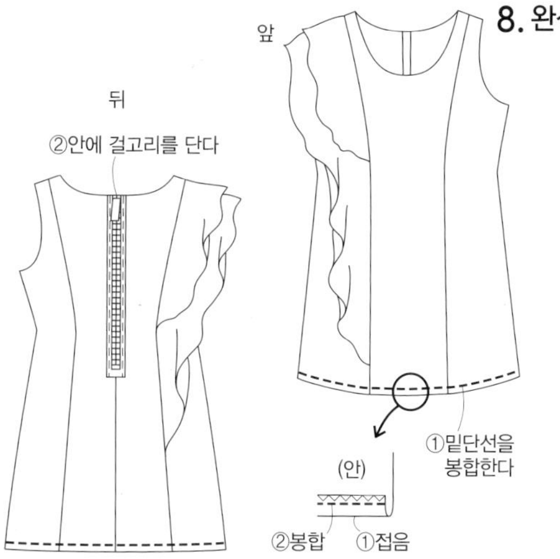

재단배치도
숫자가 적히지 않은 곳은 1cm의 시접을 줍니다.
▨ = 접착심 붙이는 위치

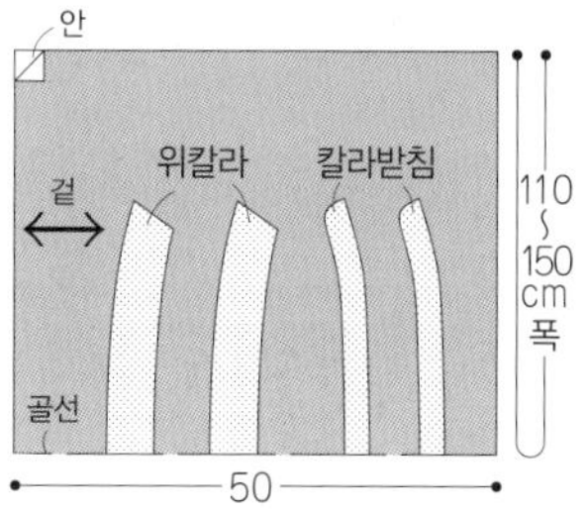

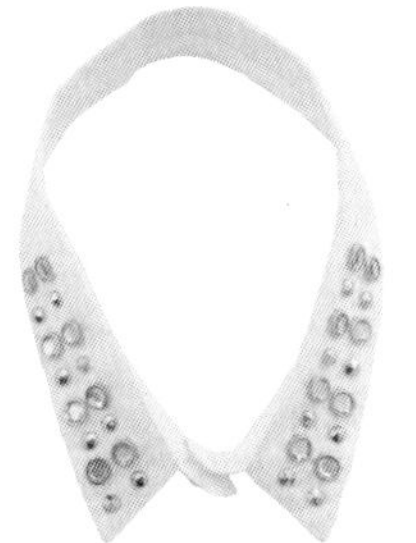

안 / 겉 / 위칼라 / 칼라받침 / 골선
110~150cm 폭
50

※접착심은 39와 44에 붙입니다.

29 페이지 44	27 페이지 39	27 페이지 37	26 페이지 34
실물크기 패턴 C면	실물크기 패턴 C면	실물크기 패턴 C면	실물크기 패턴 C면

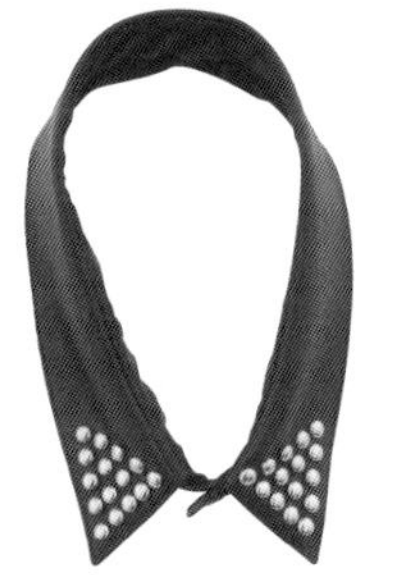

재료
44	39	37	34
겉감(코튼 새틴)110cm폭 50cm	겉감(인조가죽)110cm폭 50cm	겉감(인조가죽)150cm 폭 50cm	겉감(인조가죽)150cm 폭 50cm
접착심 90cm폭 50cm	접착심 90cm폭 50cm	단추 11mm 1개	단추 11mm 1개
단추 11mm 1개	단추 11mm 1개	스터드 (별·대) 6개	스터드(원형) 7mm 30개
스터드 (토파즈) 10mm 16개	스터드 (하트) 12mm 16개	(별·중) 12개	
(원뿔) 7mm 16개	(원형) 5mm 15개	(별·소) 16개	

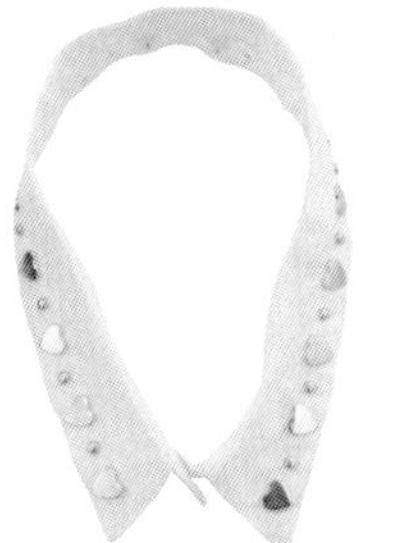

3. 완성
- 39, 44
- 34, 37
- 단춧구멍을 만들고, 단추를 단다

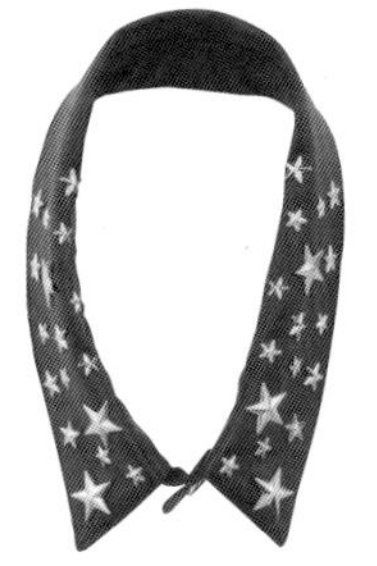

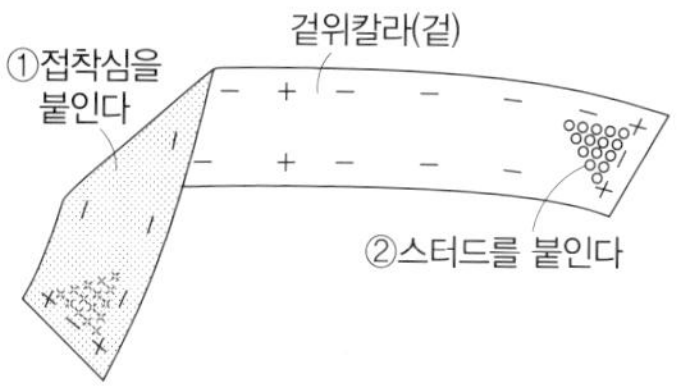

2. 칼라받침을 만들어 단다.
- 겉칼라받침(겉) / ②접착심을 붙인다 / 안칼라받침(안) / ④봉합
- 겉위칼라(겉) / ①위칼라를 만든다 (8페이지 참고) / ③접음
- 안위칼라(겉) / ①겉으로 뒤집어 정리한다
- 겉칼라받침(겉) / ②시접을 칼라받침 안에 넣어 봉합한다

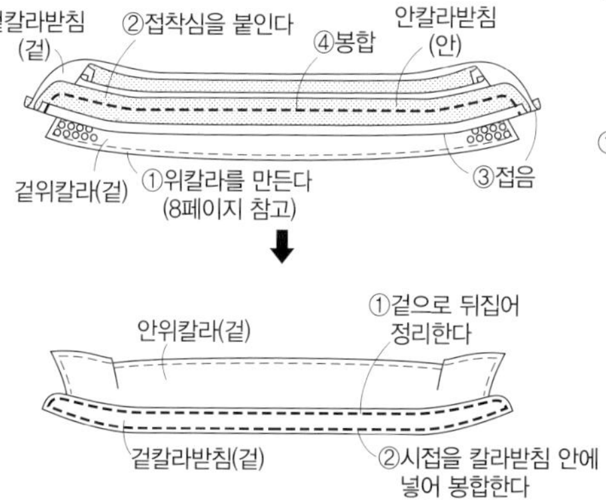

1. 겉위칼라에 스터드를 붙입니다.
- 겉위칼라(겉)
- ①접착심을 붙인다
- ②스터드를 붙인다

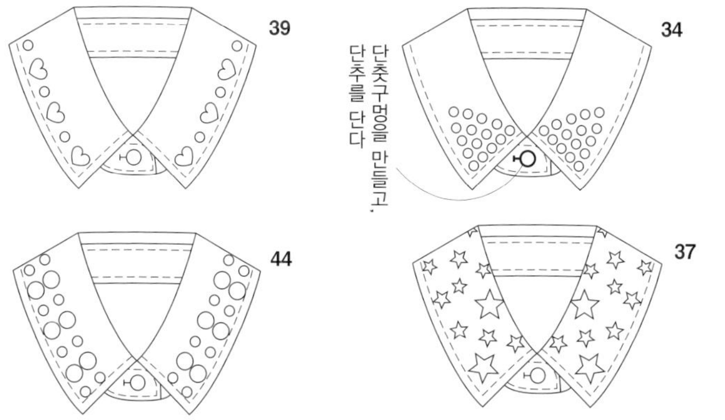

콘실지퍼 다는 방법

1. 지퍼가 닿는 절개선을 임시고정 봉합한다.
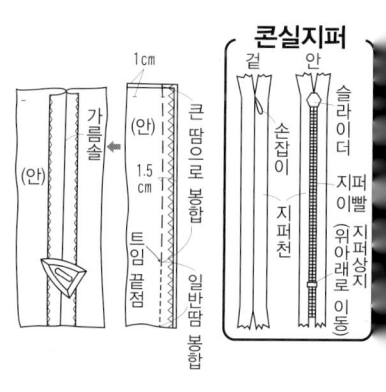

콘실지퍼
겉 / 안 / 슬라이더 / 손잡이 / 지퍼이빨(위아래로 이동) / 지퍼천 / 가름솔 / 큰 땀으로 봉합 / 일반땀 봉합 / 트임끝점

2. 콘실지퍼를 시접에 임시고정한다.
- 콘실지퍼(안)
- 1.7cm
- 콘실지퍼의 지퍼천의 폭 1cm
- 0.5cm
- ①0.5cm에 지퍼천의 끝을 맞춘다
- ②0.5cm의 위치를 시침실로 봉합한다
- ③0.2cm로 봉합
- ④봉합
- 2cm 트임끝점 이상 내려둔다

3. 콘실지퍼 노루발을 사용하여 봉합한다.
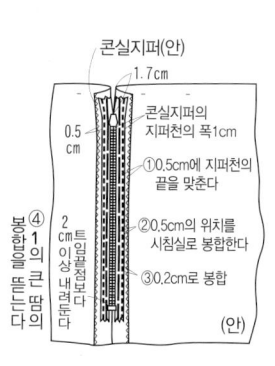

지퍼의 이빨 / 지퍼의 단면
왼쪽 홈에 끼운다 / 오른쪽 홈에 끼운다
노루발 / 벌린다 / 지퍼천
콘실지퍼 노루발 / 올린다 / 트임끝점까지 봉합한다 / 내린다

4. 시침실을 뜯는다.
- (안)
- 시침실을 뜯는다

5. 지퍼상지를 고정한다.
- (안)
- 고정한다 / 펜치
- 고정한다 / 펜치

6. 완성
- 손잡이 / (겉)
- 겉에서는 아무것도 보이지 않습니다

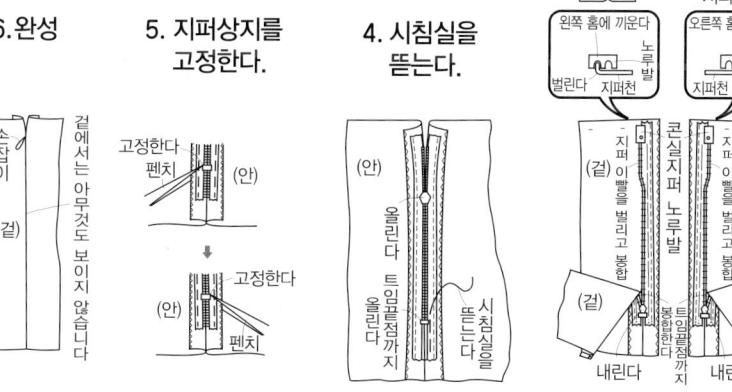

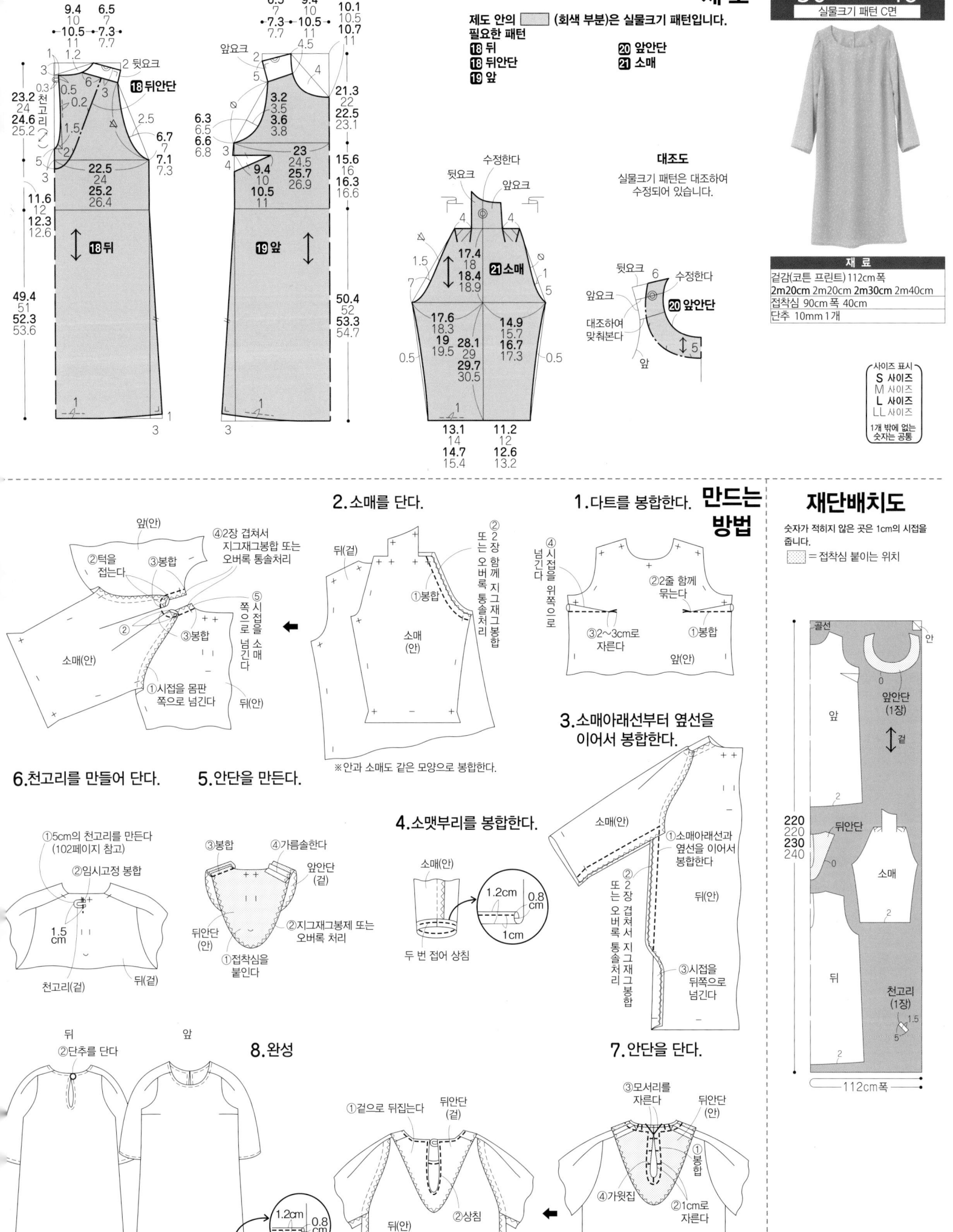

33 페이지 50
실물크기 패턴 D면

재단배치도
전부 1cm의 시접을 줍니다.

겉감 · 안감 공통

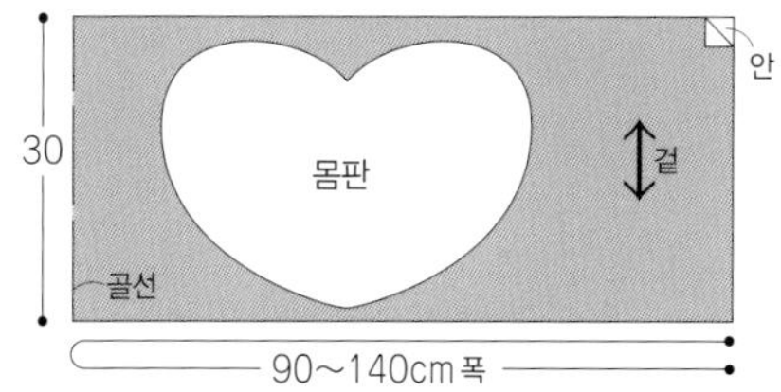

재 료
겉감(인조가죽) 140cm 폭 30cm
안감 90cm 폭 30cm
지퍼 20cm 1개
솜 15g

만드는 방법

1. 겉몸판에 지퍼를 단다. 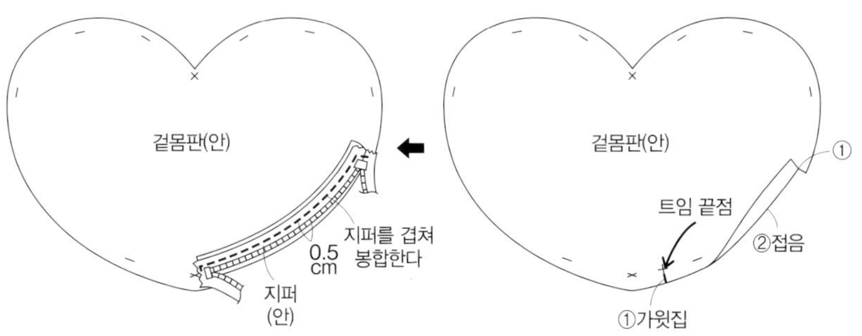
2. 겉몸판을 맞춰 봉합한다. 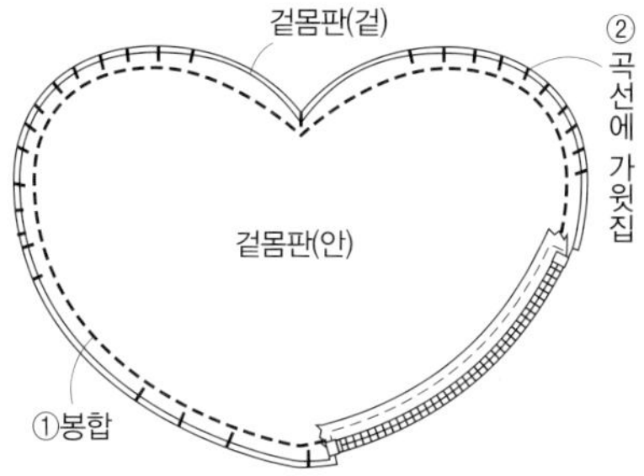
3. 안몸판을 만든다. 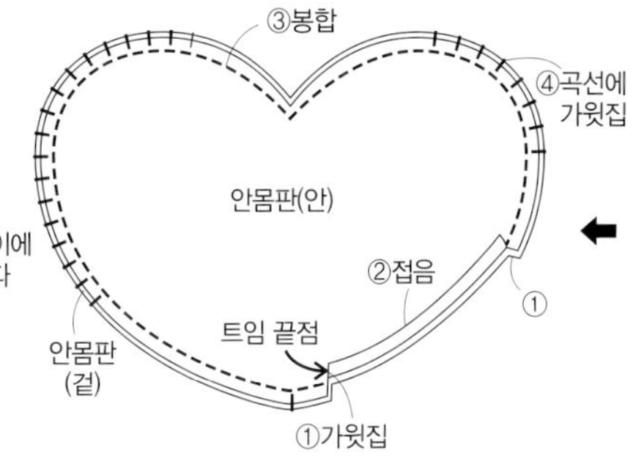
4. 안몸판과 겉몸판을 맞춘다. 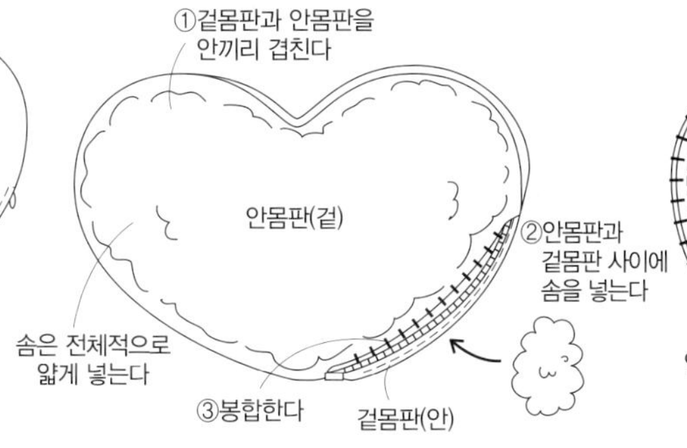
5. 완성

---

32 페이지 48
실물크기 패턴 D면

재단배치도
전부 1cm의 시접을 줍니다.

안감 / 겉감

재 료
겉감(인조가죽) 140cm 폭 30cm
안감 90cm 폭 30cm
지퍼 20cm 1개
솜 25g

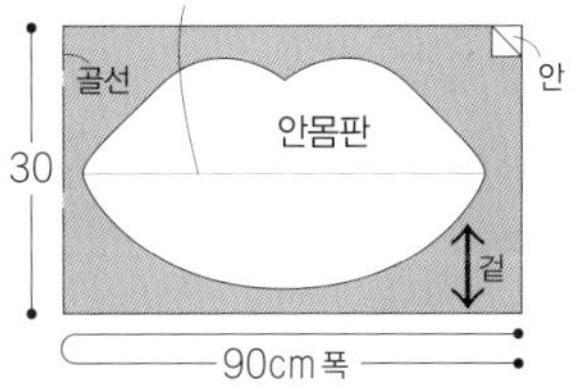

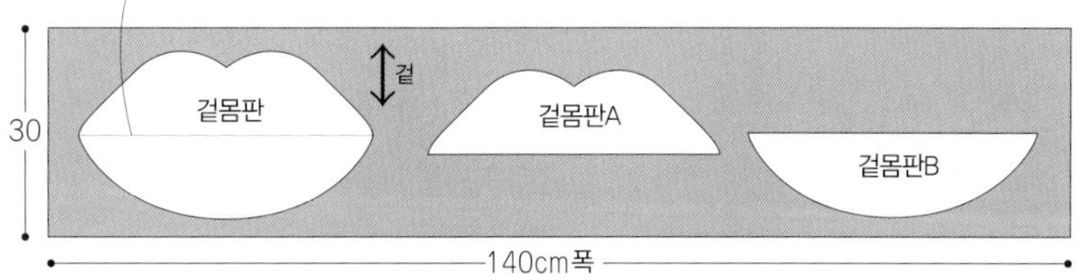

만드는 방법

1. 몸판A와 몸판B를 맞춰 봉합한다.
2. 완성

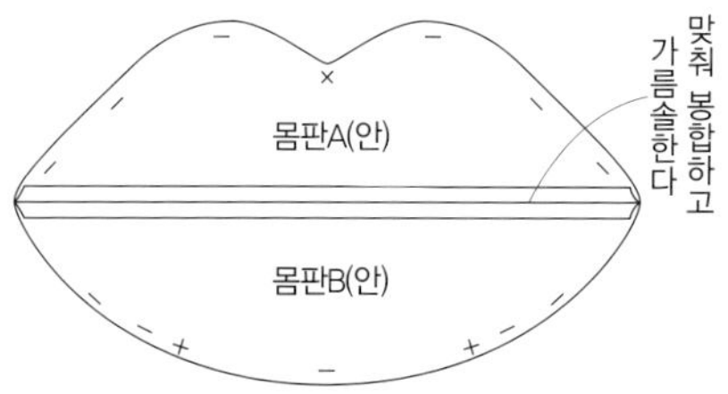

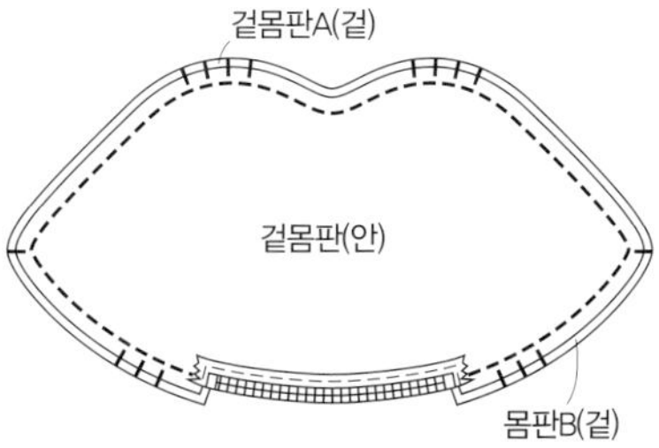

※ 그 외의 만드는 방법은 위의 그림 참고

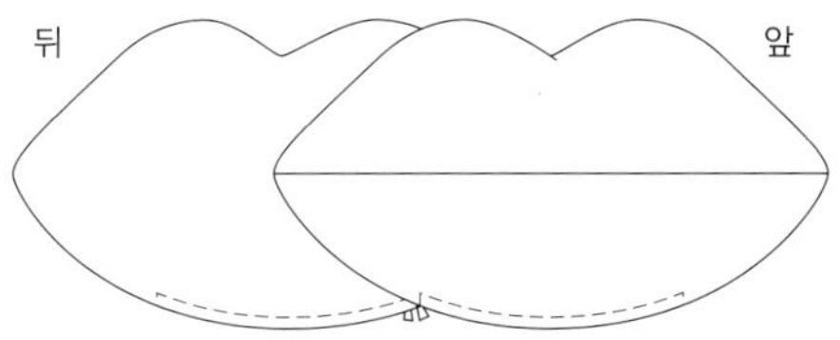

32 페이지 47
실물크기 패턴 D면

재단배치도
전부 1cm의 시접을 줍니다.

안감 / 겉감

재 료
겉감(인조가죽) 140cm 폭 50cm
안감 90cm 폭 20cm
지퍼 20cm 1개
솜 15g

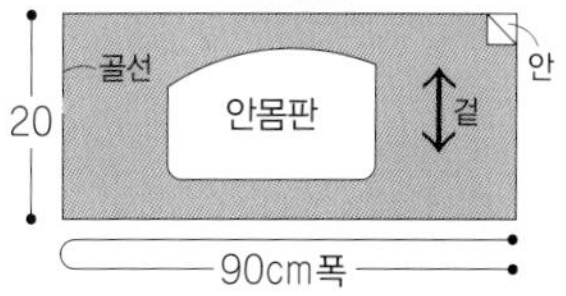

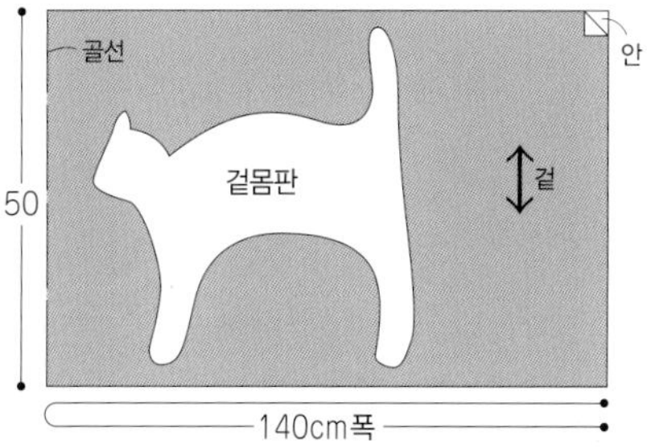

만드는 방법

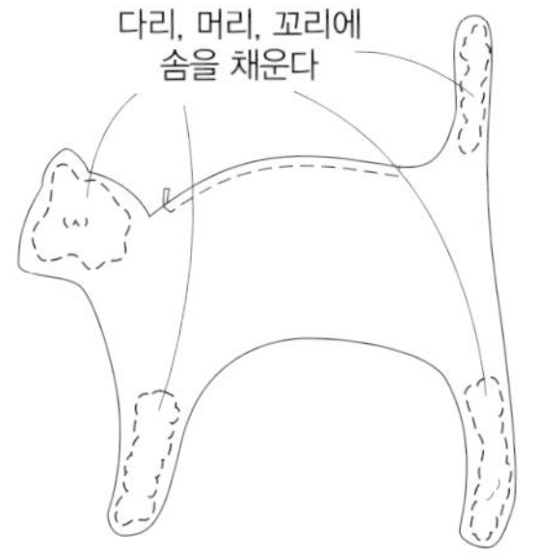

※ 그 외의 만드는 방법은 위의 그림 참고.

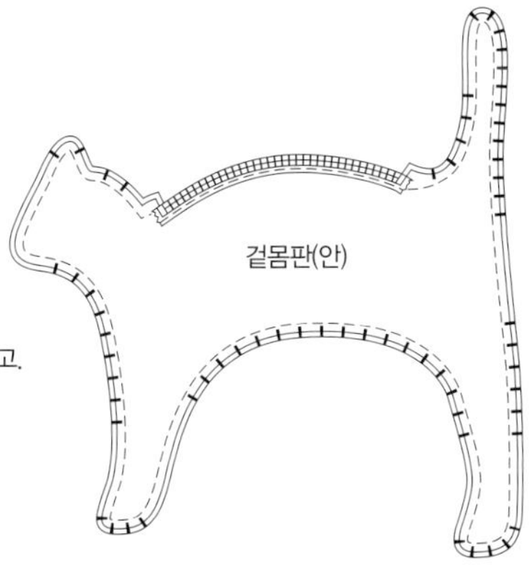

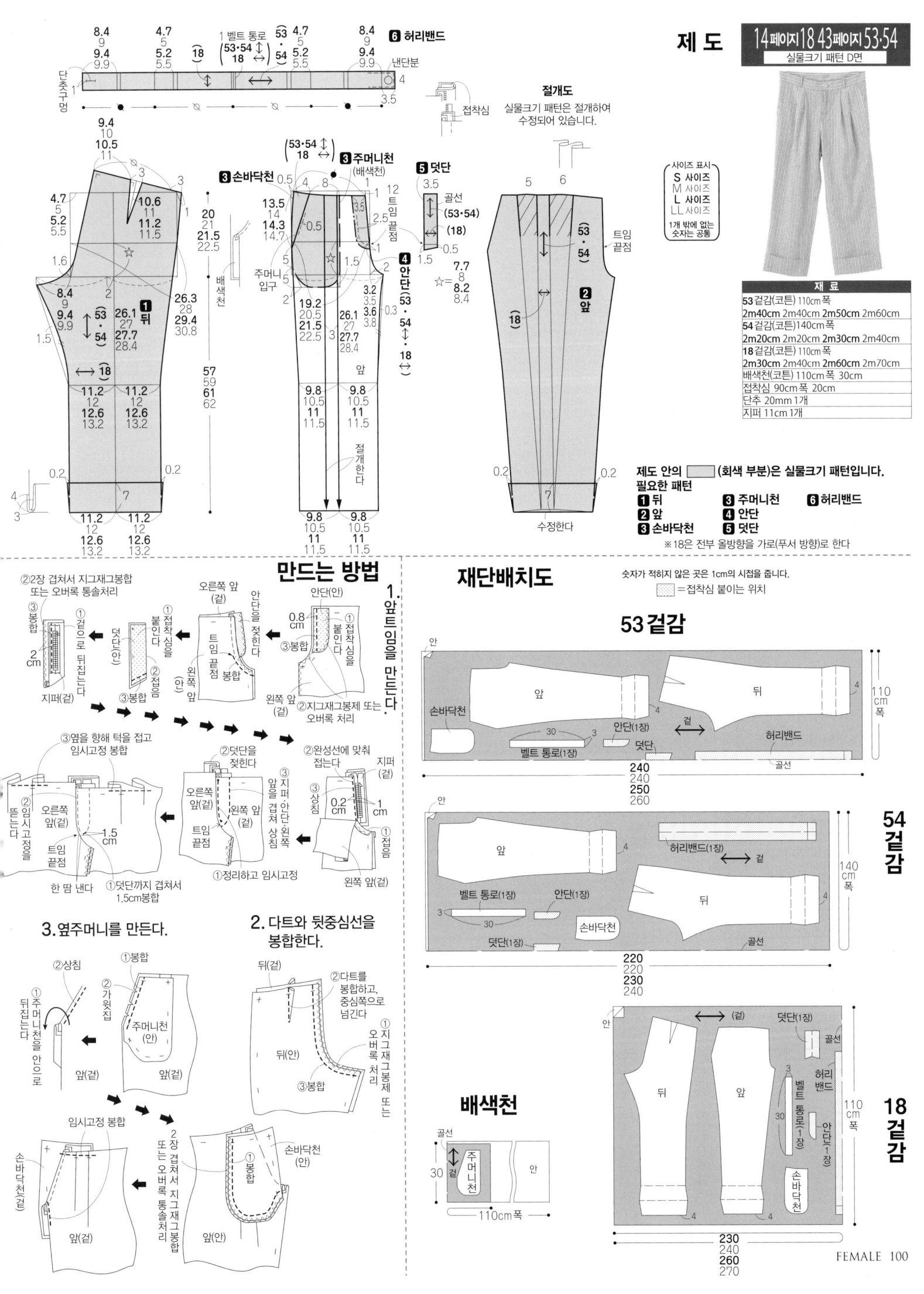

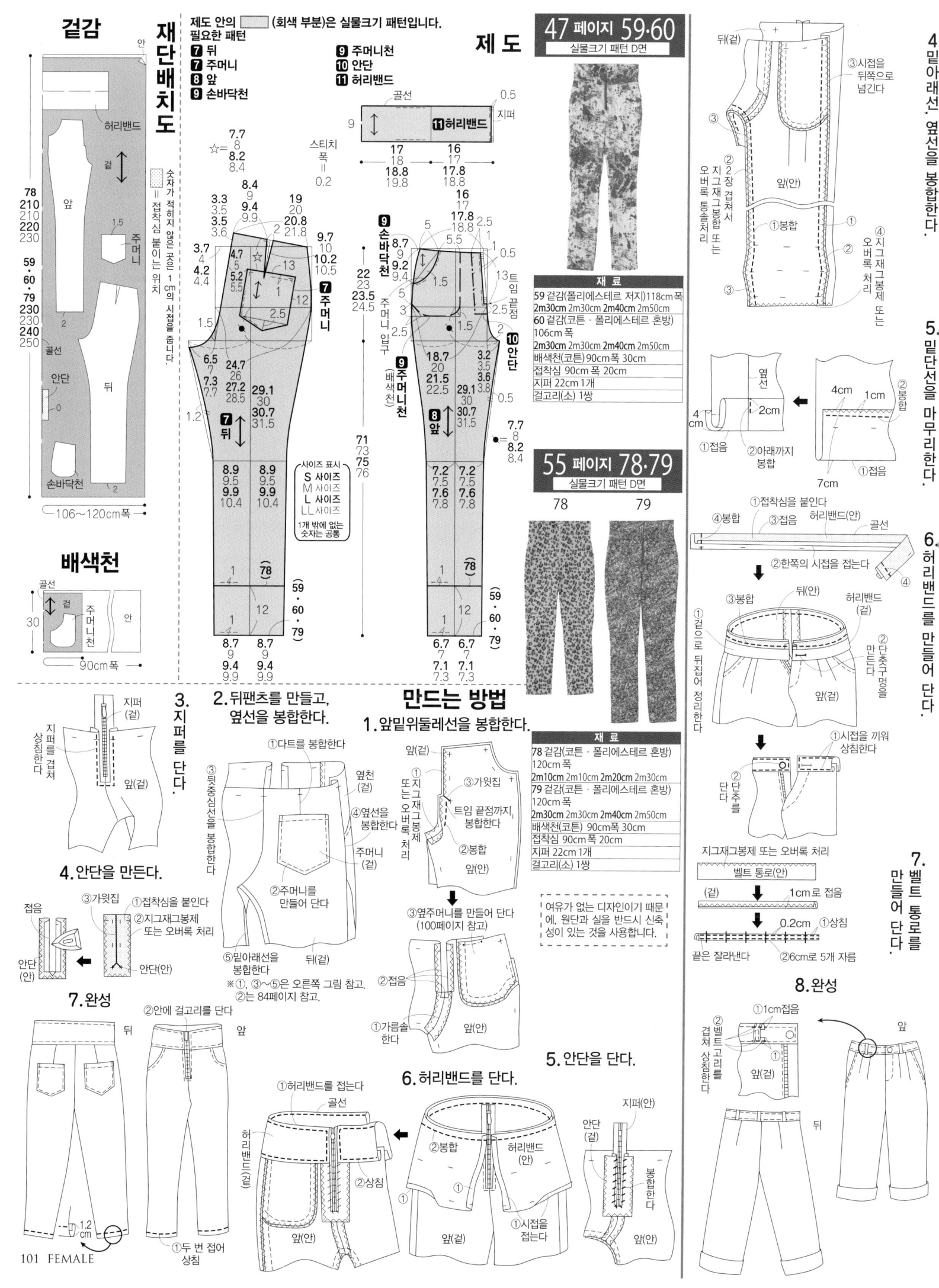

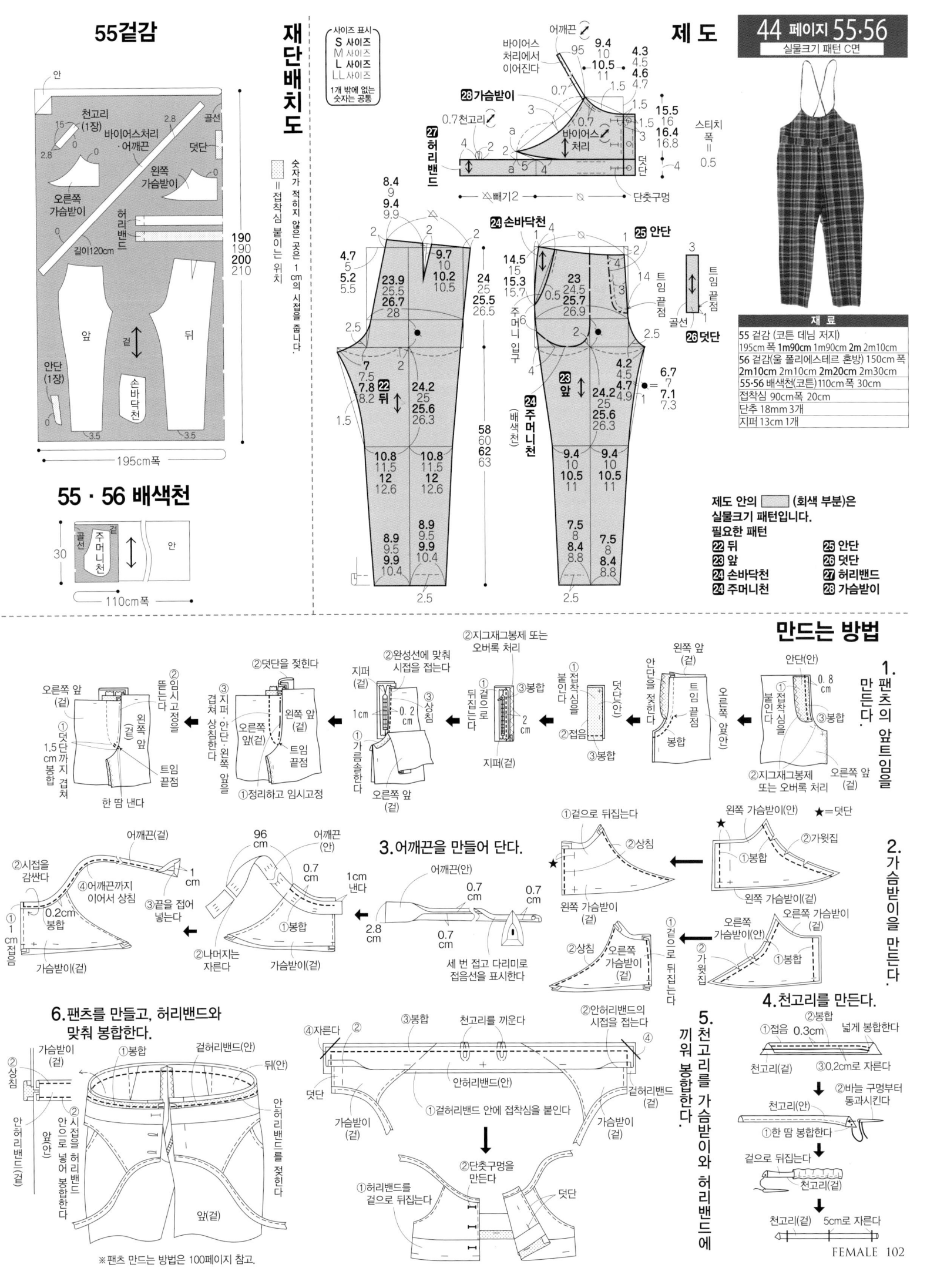

필요한 패턴

- 21 뒤안단 … 변형없음
- 22 뒤 … 변형없음
- 23 뒤옆 … 변형없음
- 24 뒤밑단 … 변형없음
- 25 요크 … 변형없음
- 26 오른쪽앞 … 변형없음
- 27 왼쪽앞 … 변형없음
- 28 앞옆 … 변형없음
- 29 오른쪽앞밑단 … 변형없음
- 30 왼쪽앞밑단 … 변형없음
- 31 오른쪽앞안단 … 변형없음
- 32 왼쪽앞안단 … 변형없음
- 33 덧단 … 변형없음
- 34 탭 … 변형없음
- 35 가슴주머니천 … 변형없음
- 36 옆주머니천 … 변형없음
- 37 겉소매 … 변형없음
- 38 안소매 … 변형없음
- 39 커프스 … 변형없음
- 40 칼라 … 변형없음

54 페이지 76
실물크기 패턴 B면

재료
- 겉감(폴리에스테르 저지) 120cm 폭
  2m60cm 2m60cm 2m70cm 2m80cm
- 안감 90cm 폭
  1m50cm 1m50cm 1m60cm 1m70cm
- 접착심 90cm 폭 1m
- 도트단추 15mm 6쌍
- 오픈지퍼 53cm 55cm 57cm 58cm 1개
- 지퍼 10cm 1개
       12cm 2개

필요한 패턴

- 21 뒤안단 … 변형없음
- 22 뒤 … 변형없음
- 23 뒤옆 … 변형없음
- 24 뒤밑단 … 변형없음
- 25 요크 … 변형없음
- 26 오른쪽앞 … 변형없음
- 27 왼쪽앞 … 변형없음
- 28 앞옆 … 변형없음
- 29 오른쪽앞밑단 … 변형없음
- 30 왼쪽앞밑단 … 변형없음
- 31 오른쪽앞안단 … 변형없음
- 32 왼쪽앞안단 … 변형없음
- 33 덧단 … 변형없음
- 34 탭 … 변형없음
- 35 가슴주머니천 … 변형없음
- 36 옆주머니천 … 변형없음
- 37 겉소매 … 배색천으로 한다
- 38 안소매 … 배색천으로 한다
- 39 커프스 … 배색천으로 한다
- 40 칼라 … 변형없음

18페이지 24 34 페이지 52
실물크기 패턴 B면

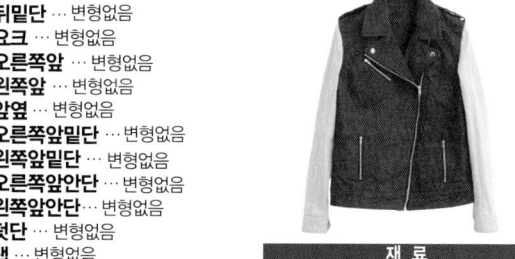

재료
- 24 겉감(코튼) 112cm 폭
  3m20cm 3m20cm 3m30cm 3m40cm
- 52 겉감(데님) 80cm 폭
  3m20cm 3m20cm 3m30cm 3m40cm
- 24 배색천(코튼 저지)
  155cm 폭 70cm 70cm 70cm 80cm
- 52 배색천(기모니트)
  180cm 폭 70cm 70cm 70cm 80cm
- 안감 90cm 폭
  1m50cm 1m50cm 1m60cm 1m70cm
- 접착심 90cm 폭 1m
- 도트단추 15mm 6쌍
- 오픈지퍼 53cm 55cm 57cm 58cm 1개
- 지퍼 10cm 1개
       12cm 2개

56 겉감

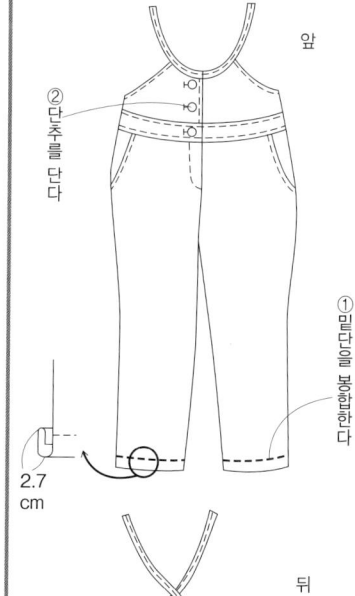

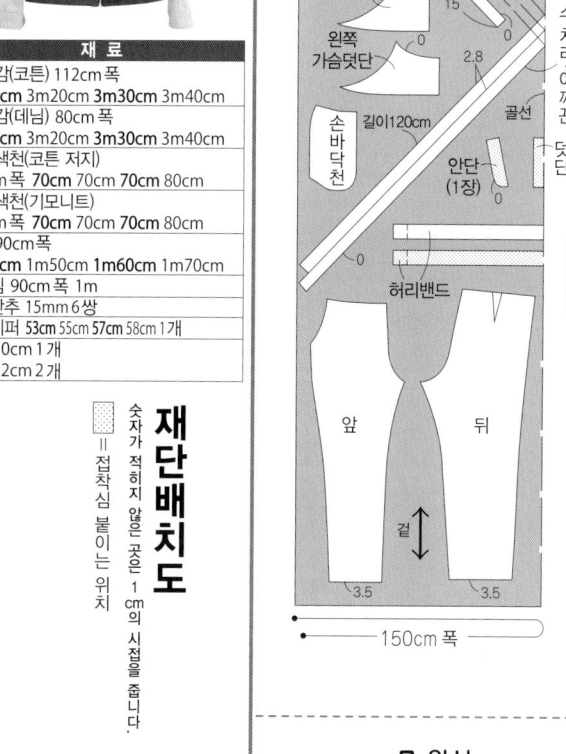

재단배치도
숫자가 적히지 않은 곳은 1cm의 시접을 줍니다.
▨ = 접착심 붙이는 위치

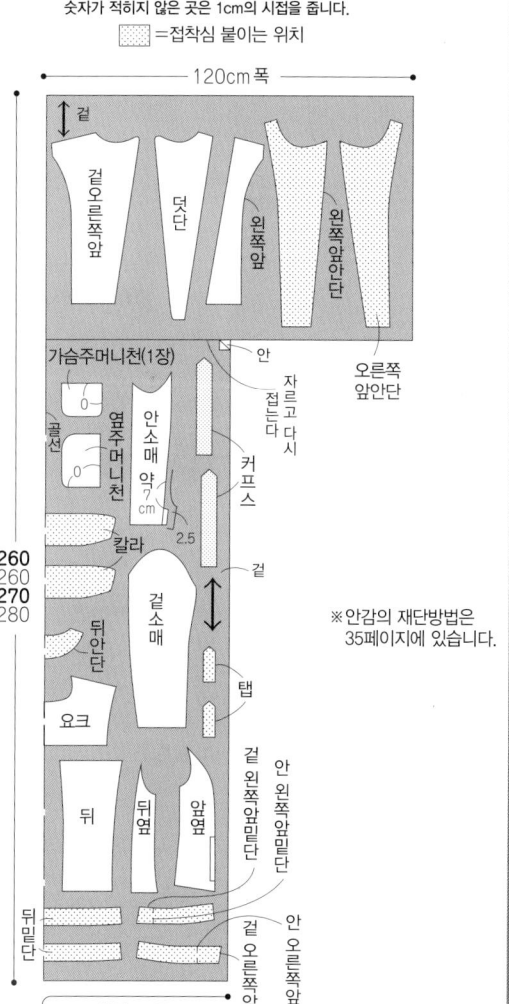

겉감

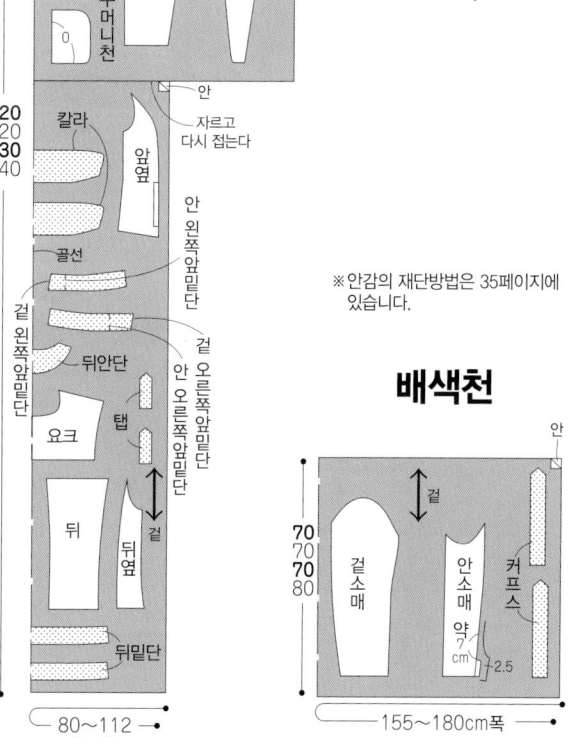

※ 안감의 재단방법은 35페이지에 있습니다.

배색천

7. 완성

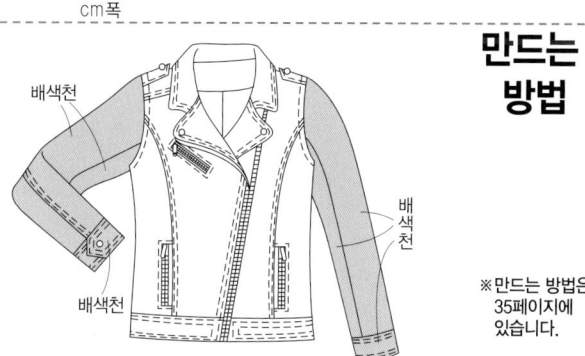

만드는 방법

※ 만드는 방법은 35페이지에 있습니다.

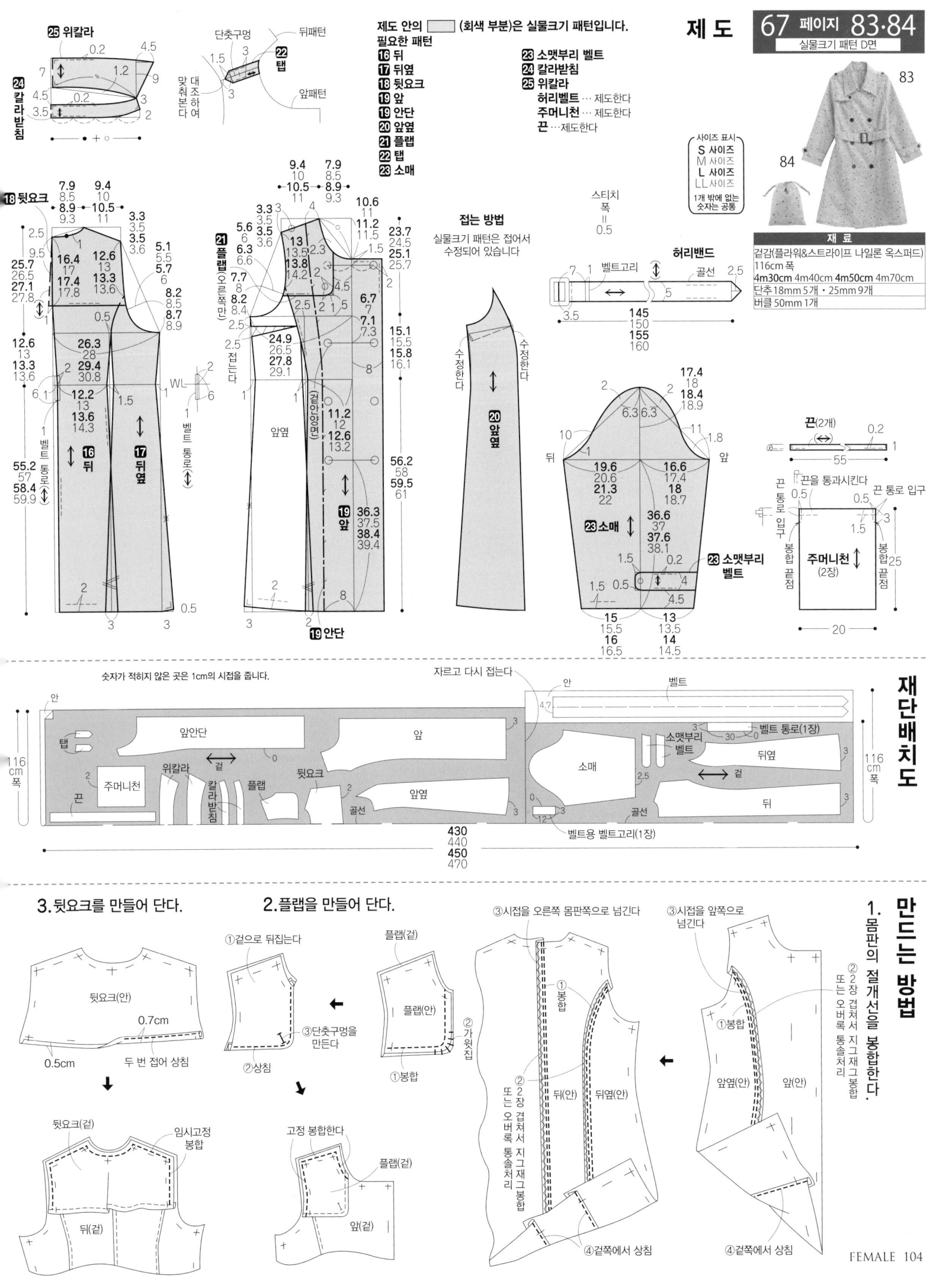

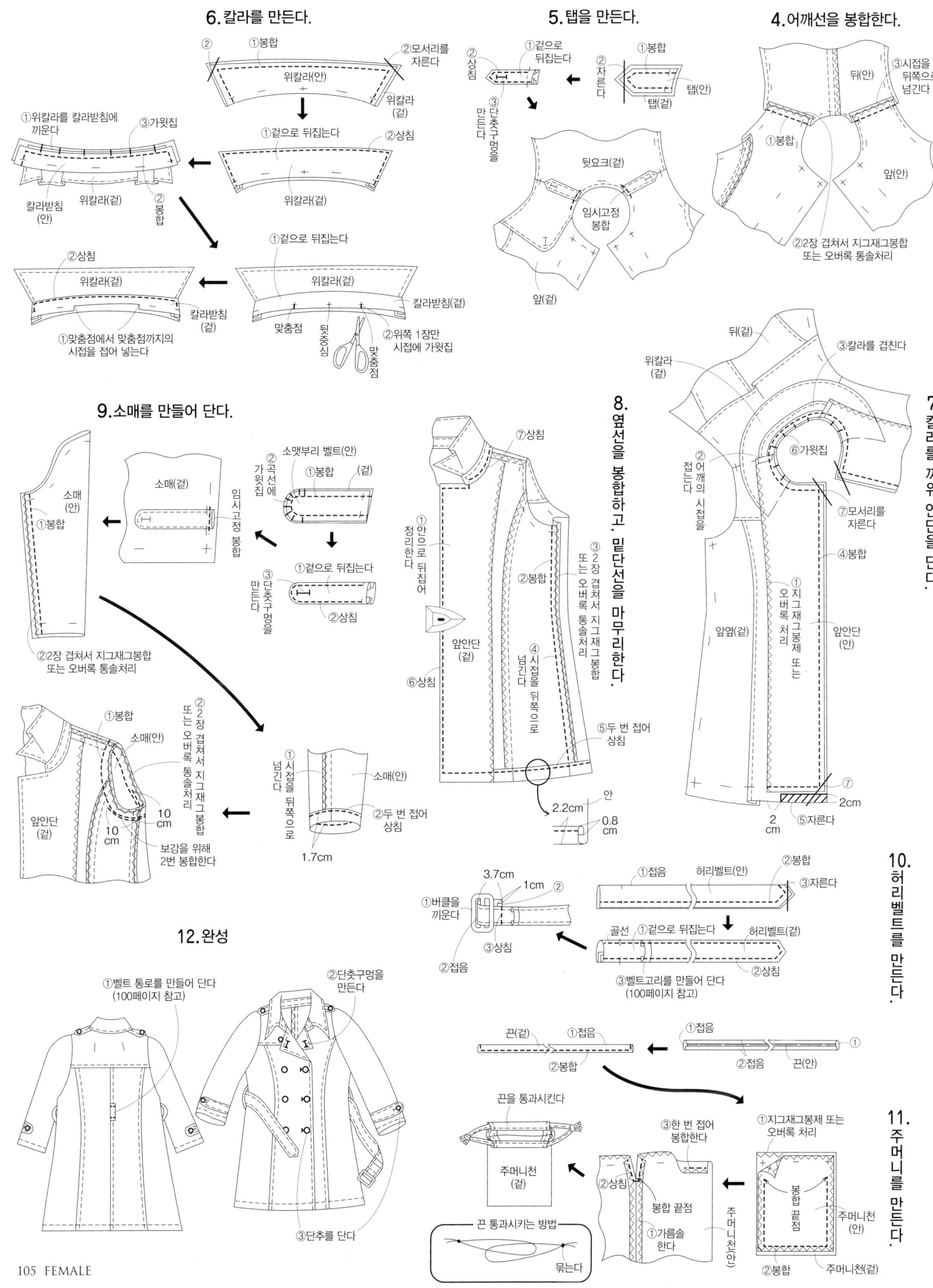

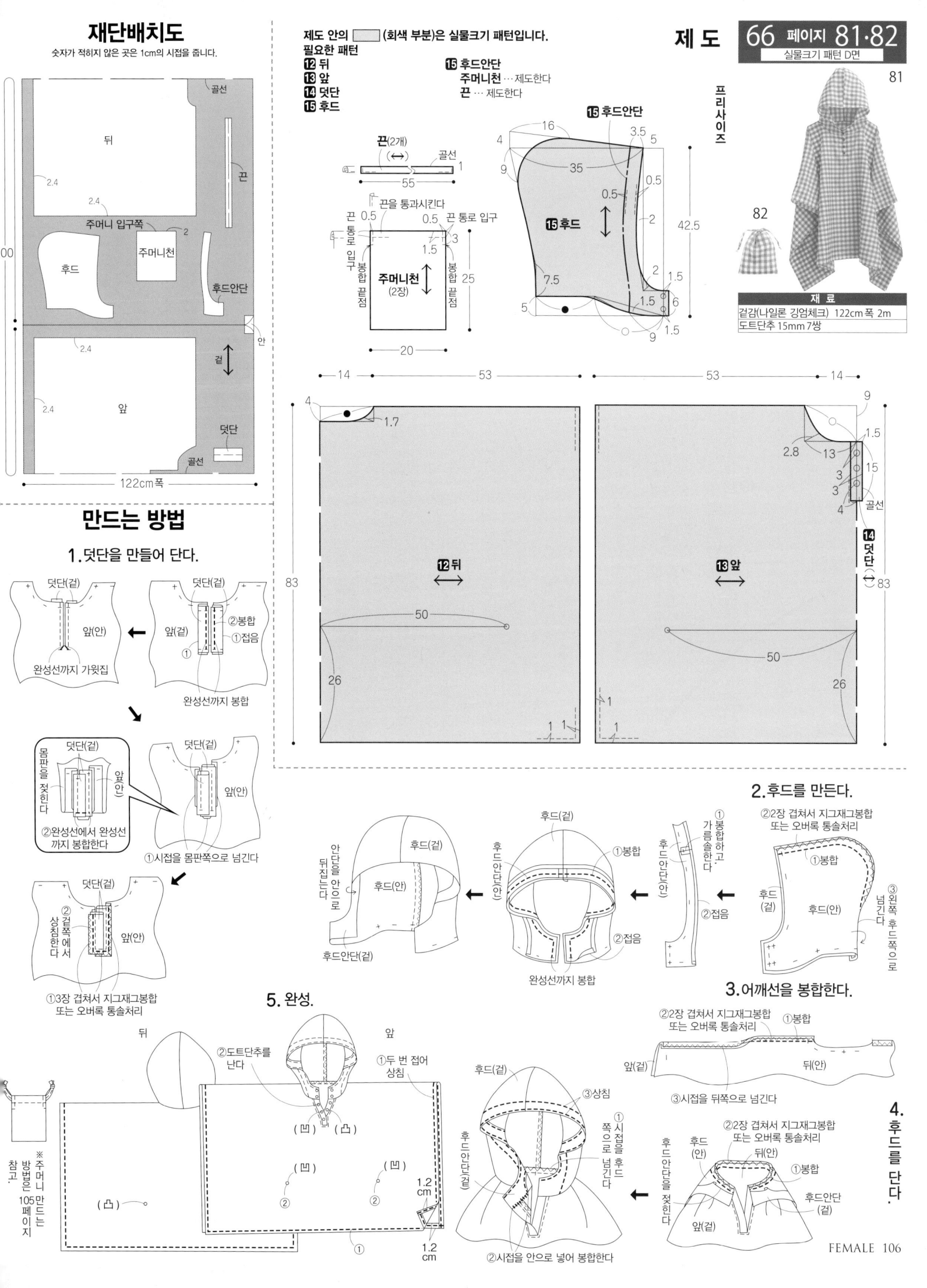

제 도

M 사이즈

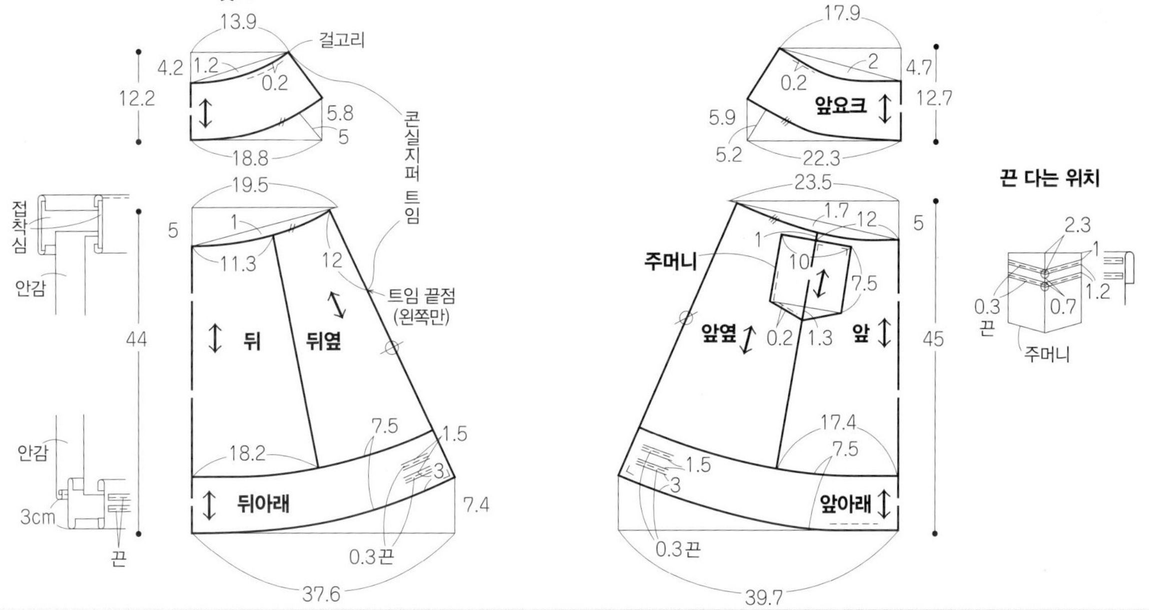

P.62 Style no. 79
스커트

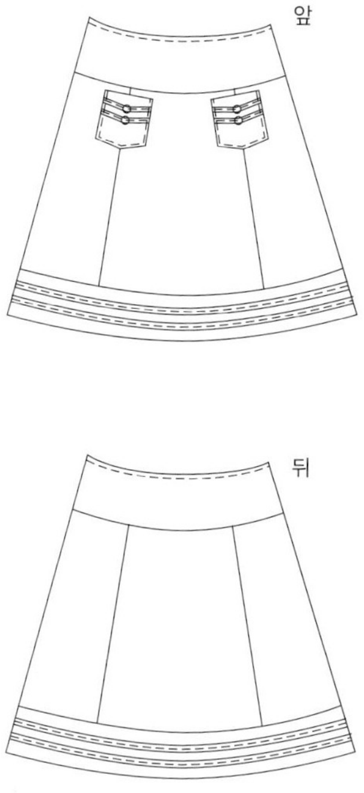

제 도

M 사이즈

P.63 Style no. 80 셔츠

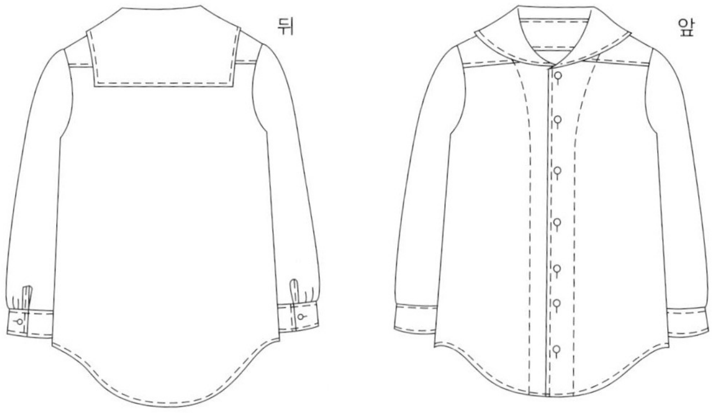

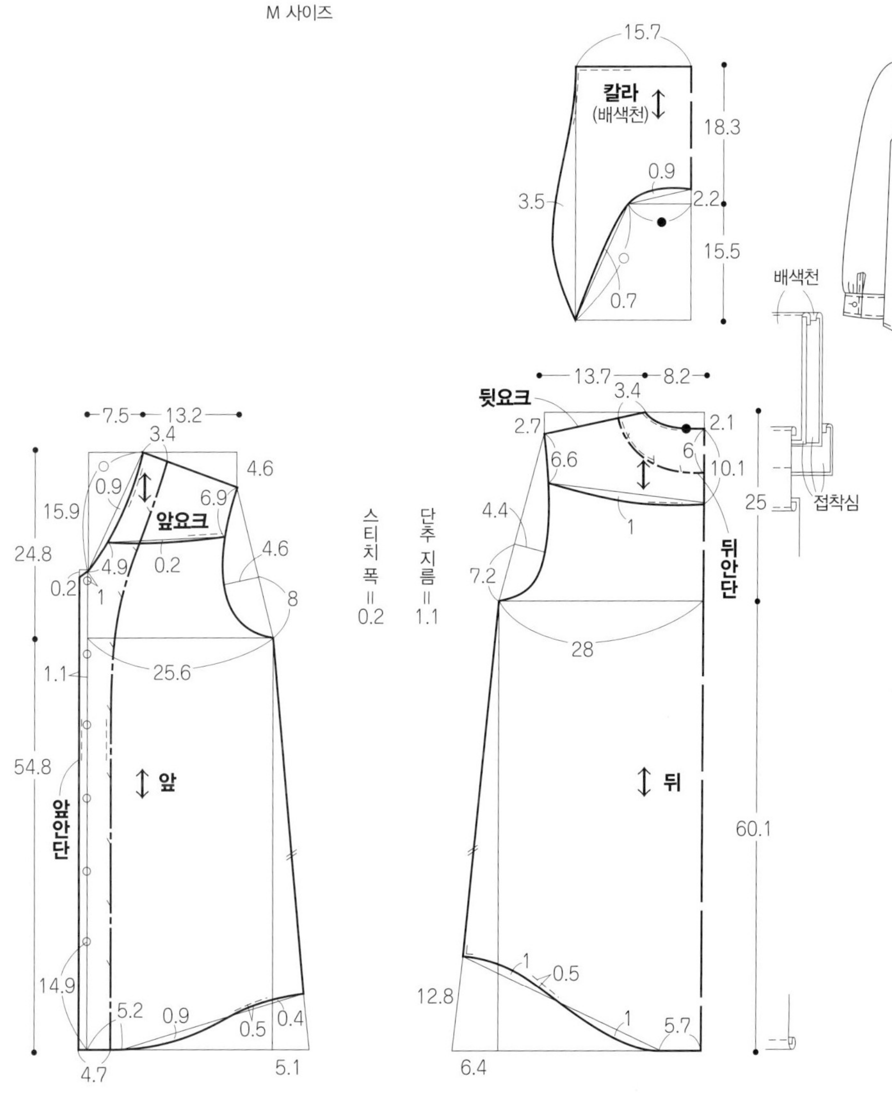

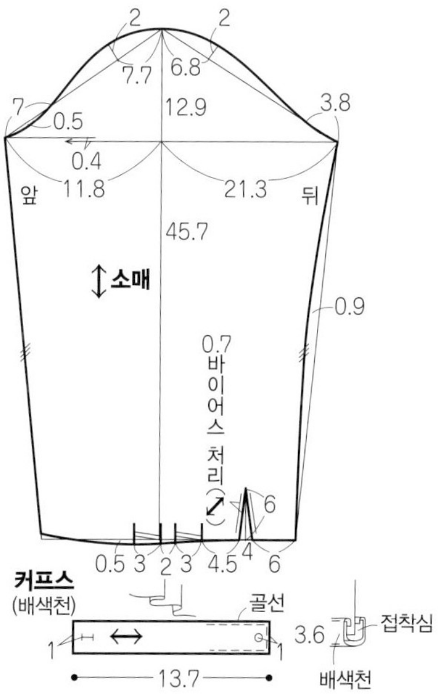

P.75 Style no. 86
셔츠

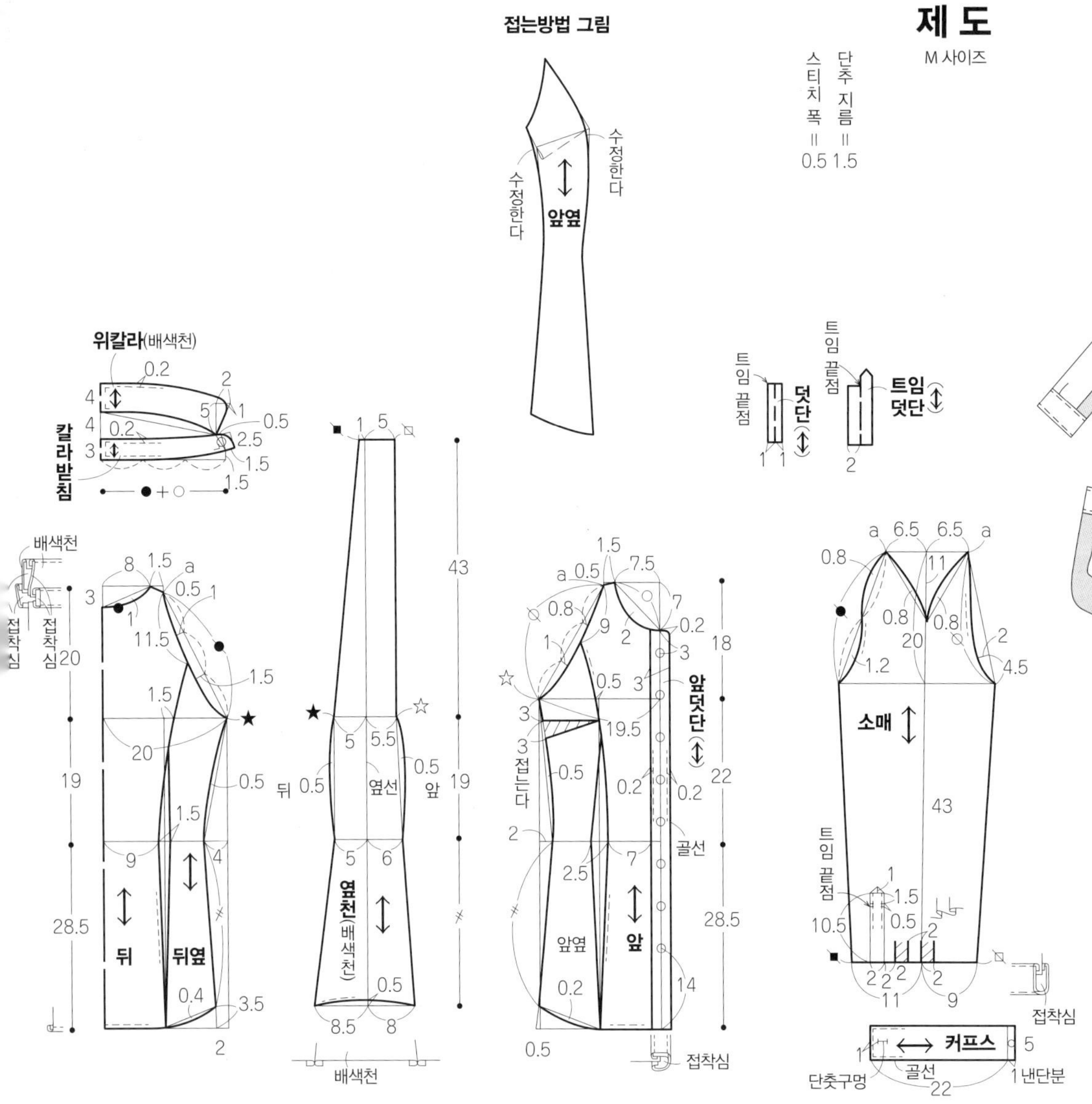

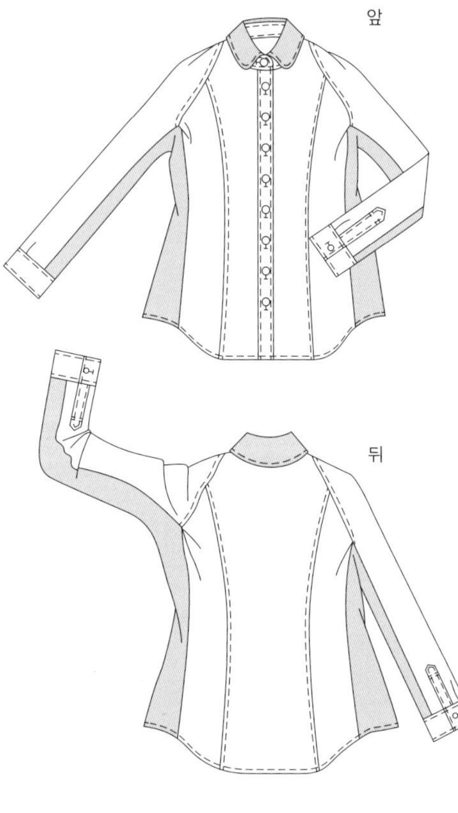

P.75 Style no. 85
팬츠

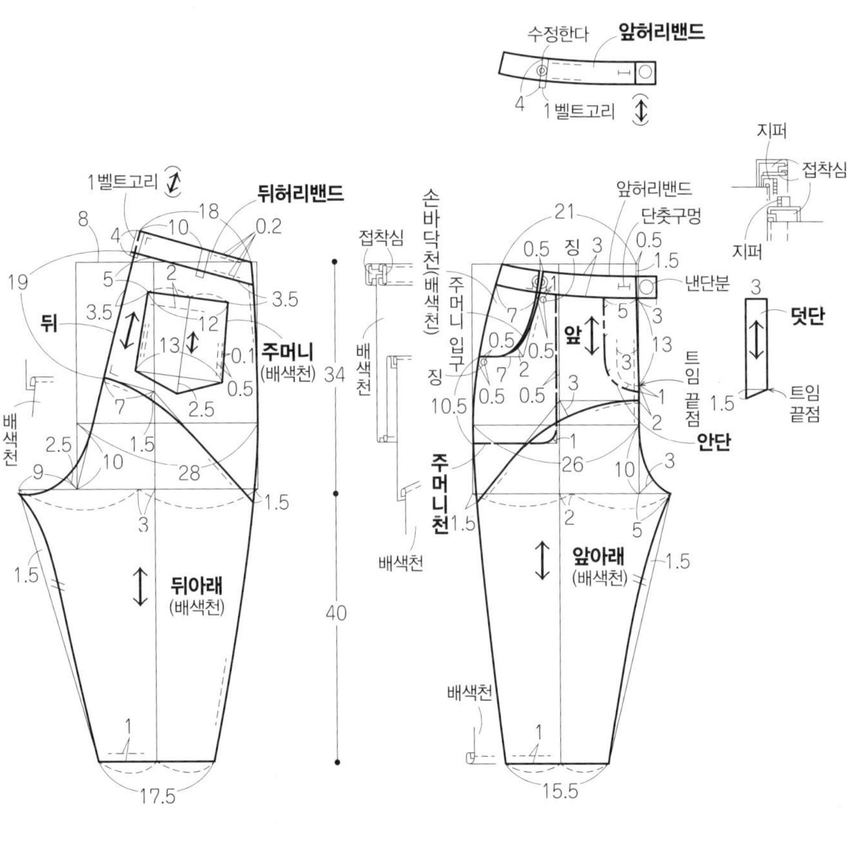

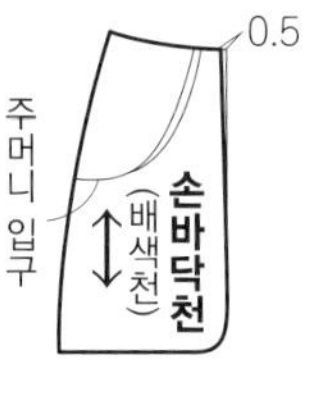

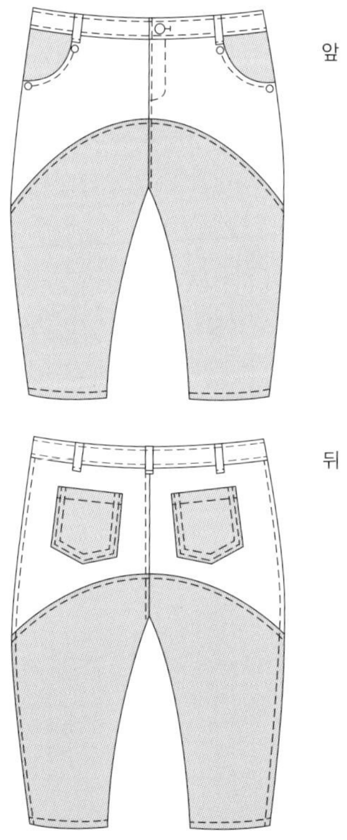

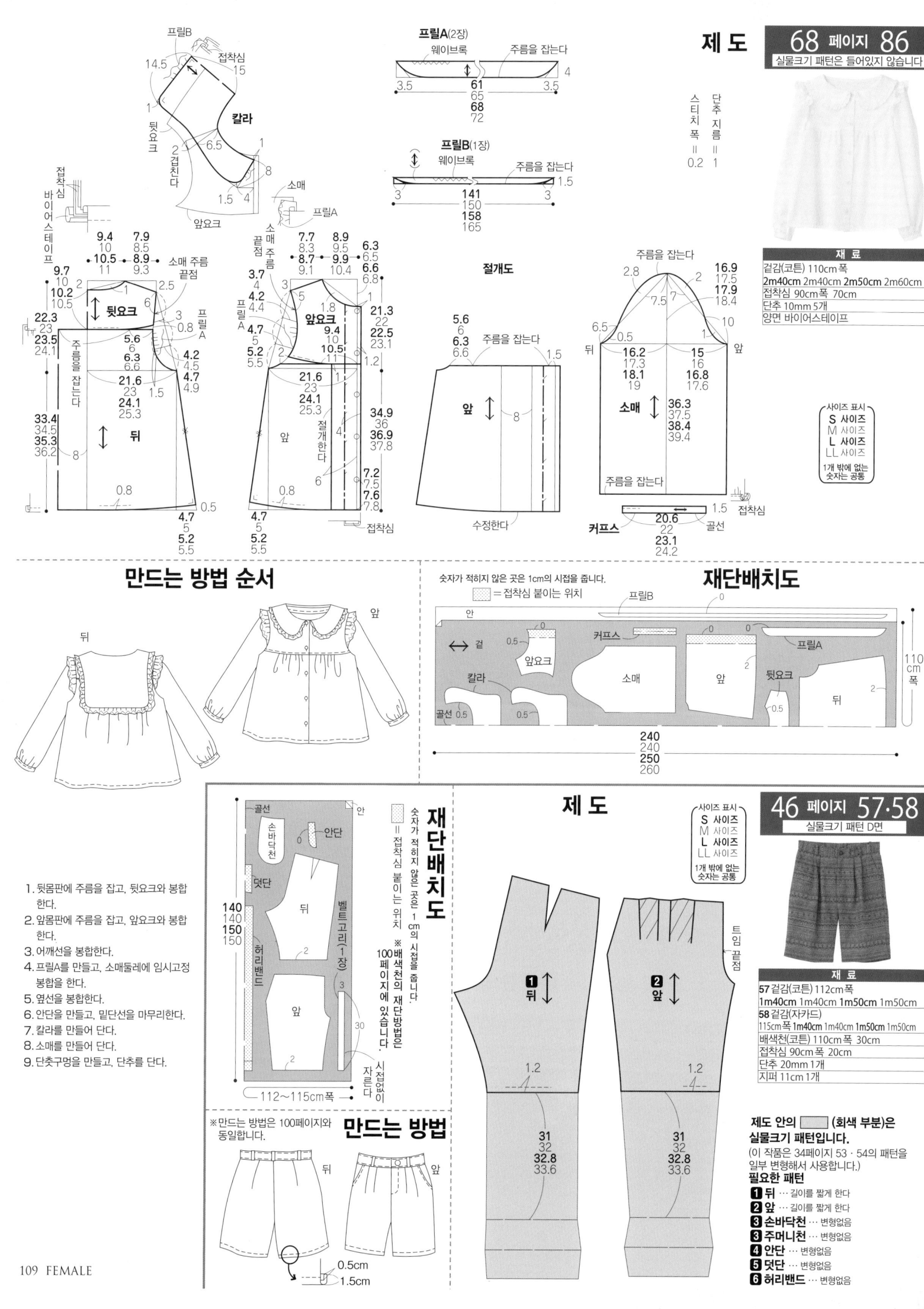

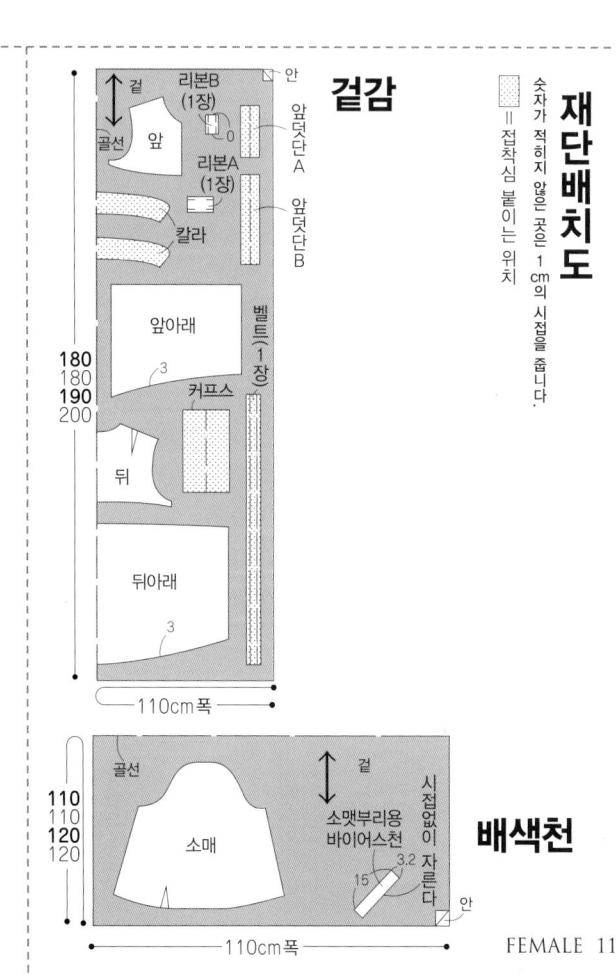

제 도

69 페이지 87

실물크기 패턴은 들어있지 않습니다

사이즈 표시
S 사이즈
M 사이즈
L 사이즈
LL 사이즈
1개 밖에 없는 숫자는 공통

스티치 폭 = 0.2
단추 지름 = 1.2

재료
겉감(코튼) 150cm 폭
1m90cm 1m90cm 2m 2m10cm
배색천(코튼) 110cm폭
1m80cm 1m80cm 1m90cm 1m90cm
접착심 90cm 폭 1m10cm
단추 12mm 6개

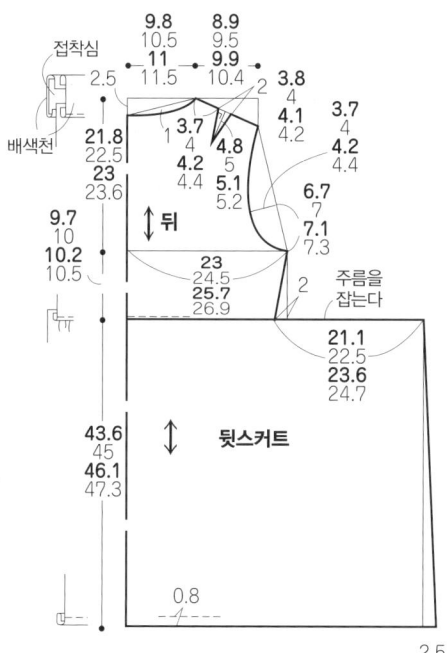

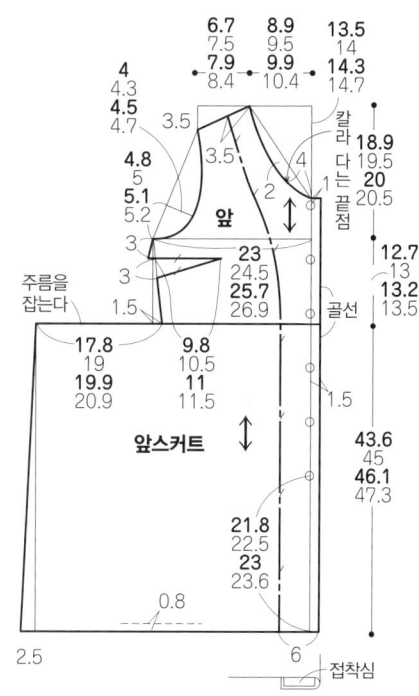

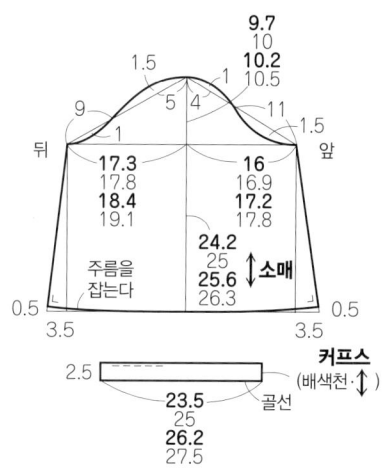

만드는 방법 순서

1. 다트를 봉합한다.
2. 뒷스커트에 주름을 잡고, 뒤에 단다.
3. 앞스커트에 주름을 잡고, 앞에 단다.
4. 옆선을 봉합한다.
5. 안단을 접고, 밑단선을 마무리한다.
6. 칼라를 만든다.
7. 칼라를 단다.
8. 소매를 만들어 단다.
9. 단춧구멍을 만들고, 단추를 단다.

재단배치도

숫자가 적히지 않은 곳은 1cm의 시접을 줍니다.

▨ = 접착심 붙이는 위치

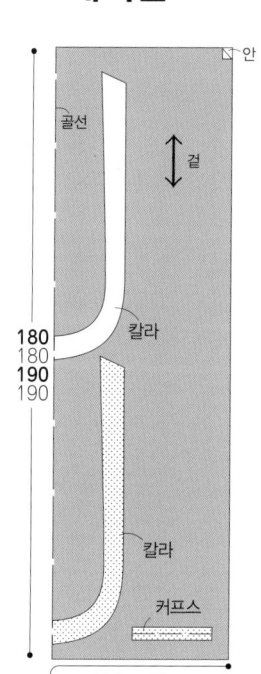

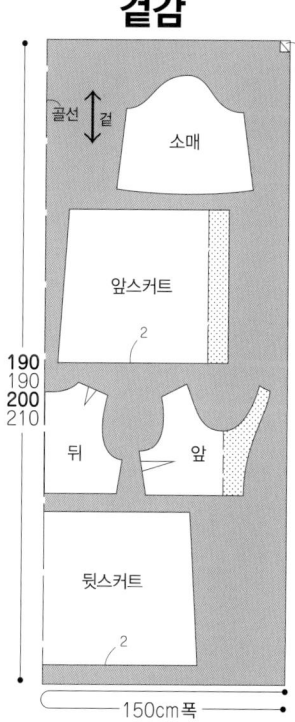

FEMALE 피메일

Vol.10 2013 SPRING

발 행	2013년 2월 28일	
발행인	신현호	
편집장	정용효	
에디터	임태훈 / 정미정 / 국효은	
편 집	소잉스토리	
번 역	손수현	

등록번호 제362-2009-7호
등록일자 2009년 5월 26일
발 행 처 (주)코하스 소잉스토리
          (500-830) 광주광역시 북구 무등로 (신안동) 120 해은회관 7층
대표전화 070_4014_3299
팩 스   062_515_8958
홈페이지 www.sewingstory.com

ISBN 978-89-94710-45-7 14590
판매가 12,000원

소잉스토리는 소잉D.I.Y 취미 실용서와 잡지를 출간합니다.

* 본 책은 저작권법에 따라 보호받는 저작물이므로 무단전재와 무단복제를 금지하며, 이 책 내용의 전부 또는 일부를 이용하려면 반드시 저작권자 (주)코하스의 서면동의를 받아야 합니다.
* 잘못 인쇄된 책은 구입처에서 교환해 드립니다.

FEMALE 피메일

〈FEMALE 창간호〉
2010-11년 겨울호
정가 12,000원

〈FEMALE Vol.2〉
2011년 봄호
정가 12,000원

〈FEMALE Vol.3〉
2011년 여름호
정가 12,000원

〈FEMALE Vol.4〉
2011년 가을호
정가 12,000원

〈FEMALE Vol.5〉
2011-12 겨울호
정가 12,000원

〈FEMALE Vol.6〉
2012 봄호
정가 12,000원

〈FEMALE Vol.7〉
2012년 여름호
정가 12,000원

〈FEMALE Vol.8〉
2012년 가을호
정가 12,000원

〈FEMALE Vol.9〉
2012-13년 겨울호
정가 12,000원

FEMALE 피메일 Vol.11 2013년 여름호는 2013년 5월에 발간될 예정입니다.

〈다음호 예고〉

★ 여름호부터 FEMALE이 한층 더 업그레이드됩니다.

▷ 문화식 신원형 & 도레미식 신원형을 사용하여 자신에게 딱 맞는 옷을 만들자!
▷ 더욱더 충실해진 FEMALE의 실물크기 패턴!
▷ 게재 작품수의 볼륨 업!

초보자부터 상급자까지 즐길 수 있는 패턴과 테크닉이 가득합니다.

※ 내용은 일부 변경될 수도 있습니다.